엑셀 왕초보도 실무에서 바로 써먹을 수 있는
보고서 차트 작성의 기술

보고서 차트
실무 강의
with 엑셀

최성호 지음

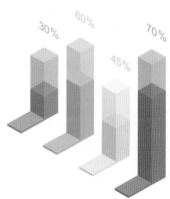

l:B 한빛미디어
Hanbit Media, Inc.

지은이 **최성호**

16년 차 기술사업화 컨설턴트로 사업계획서, R&D 기획, 비즈니스모델 작성 등의 다양한 기업 컨설팅 경험과 기술사업화 프로젝트 노하우를 가지고 있습니다. 기획서 작성법, 사업계획서 작성법, OA(실무 엑셀, 파워포인트), 기술사업화 등 강의 및 컨설팅을 진행하고 있습니다. 저서로는 《누구나 탐내는 실전 기획서》(2021, 아틀라스북스) 등이 있습니다.

경영학 박사
현 티엔 대표
현 숭실대학교 겸임교수
전 동원대학교 겸임교수
전 특허법인 이노 본부장

이메일 | hotcoca@hanmail.net
블로그 | hotcoca.tistory.com
유튜브 | youtube.com/@tn_hotcoca

엑셀 왕초보도 실무에서 바로 써먹을 수 있는 보고서 차트 작성의 기술

보고서 차트 실무 강의 with 엑셀

초판 1쇄 발행 2024년 1월 2일

지은이 최성호 / **펴낸이** 전태호
펴낸곳 한빛미디어(주) / **주소** 서울시 서대문구 연희로2길 62 한빛미디어(주) IT출판1부
전화 02-325-5544 / **팩스** 02-336-7124
등록 1999년 6월 24일 제25100-2017-000058호 / **ISBN** 979-11-6921-187-1 13000

총괄 배윤미 / **책임편집** 장용희 / **기획** 오희라
디자인 이아란 / **교정·전산편집** 강민철
영업 김형진, 장경환, 조유미 / **마케팅** 박상용, 한종진, 이행은, 김선아, 고광일, 성화정, 김한솔 / **제작** 박성우, 김정우

이 책에 대한 의견이나 오탈자 및 잘못된 내용에 대한 수정 정보는 한빛미디어(주)의 홈페이지나 아래 이메일로 알려주십시오.
잘못된 책은 구입하신 서점에서 교환해 드립니다. 책값은 뒤표지에 표시되어 있습니다.
한빛미디어 홈페이지 www.hanbit.co.kr / 이메일 ask@hanbit.co.kr / 자료실 www.hanbit.co.kr/src/11187

지금 하지 않으면 할 수 없는 일이 있습니다.
책으로 펴내고 싶은 아이디어나 원고를 이메일(writer@hanbit.co.kr)로 보내주세요.
한빛미디어(주)는 여러분의 소중한 경험과 지식을 기다리고 있습니다.

머리글

보고서를 잘 쓰고 싶다면 '차트'를 정복해야 합니다.

필자는 16년 차 기술사업화 컨설턴트로 활동하며 기획서와 사업계획서 등 수많은 보고서를 작성했습니다. 그동안 여러 보고서를 작성했지만 똑같은 보고서는 단 하나도 없었습니다. 같은 종류의 보고서라고 해도 주제와 목적이 서로 다르기 때문이죠. 하지만 모든 보고서에 빠지지 않고 들어가는 것이 있었습니다. 바로 '차트'입니다.

보고서를 읽는 사람은 숫자를 좋아합니다. 항상 숫자로 보여달라고 말하죠. 그래서 보고서에는 숫자가 많습니다. 복잡한 숫자를 쉽게 전달할 수 있는 차트는 표보다 훨씬 더 효과적입니다. 이것이 보고서마다 차트가 빠지지 않고 포함되는 이유입니다. 차트는 마치 음식의 맛을 더해주는 조미료처럼 보고서에 꼭 필요한 요소입니다.

'제대로 된' 차트를 만들어야 합니다.

차트는 보고서뿐만 아니라 뉴스, 홍보 자료, 방송 등 일상생활 곳곳에서 쉽게 찾아볼 수 있습니다. 차트는 복잡한 숫자를 간단하게 표현할 수 있는 도구이기 때문입니다. 하지만 사람들은 차트를 단순히 선이나 막대로 숫자를 표현한 그림으로만 생각합니다. 아마도 몇 번의 클릭만으로 엑셀에서 쉽게 차트를 만들 수 있기 때문일 것입니다.

그러나 클릭 몇 번으로 만들어진 차트는 진정한 차트가 아닙니다. 잘못 작성된 차트는 오히려 보고서의 가독성을 떨어뜨립니다.

차트는 작성자에 의해 만들어지지만, 작성자가 아닌 차트를 보는 사람을 위한 것입니다. 그래서 차트를 만들 때는 상대방이 원하는 정보는 무엇인지, 어떤 차트를 만들어야 상대방이 쉽게 이해할 수 있는지, 어떻게 하면 나의 메시지를 상대방에게 쉽게 전달할 수 있을지 등을 고민해야 합니다. 그렇게 만들어진 차트가 '제대로 된' 차트라고 할 수 있습니다.

이론보다는 실무와 직결된 내용을 담았습니다.

차트를 다루는 책을 보면 차트의 중요성을 이야기하기보다 엑셀을 이용해 차트를 만드는 방법을 설명하거나 차트의 종류나 예시만 언급하고 끝내는 경우가 많습니다. 그래서 이러한 책을 통해 차트를 제대로 이해하고 보고서를 작성하기에는 어려움이 있습니다.

그러한 어려움을 덜어주고자 필자의 경험을 녹여 '차트'가 주인공인 책을 집필하게 되었습니다. 이 책은 초보자도 쉽게 이해할 수 있도록 실무와 직접적으로 관련된 내용으로 구성했습니다. 보고서에서 사용되는 다양한 차트 종류, 메시지에 따라 달라지는 차트 유형에 대해 알아보고, 우리가 자주 사용하는 엑셀에서 차트를 만드는 방법, 차트를 꾸미고 편집하는 방법에 대해 꼼꼼하게 다룹니다.

무엇보다 차트 작성의 기술을 배우는 과정에서 여러분은 큰 즐거움을 느낄 수 있을 것입니다. 더불어 단기간에 보고서의 질을 향상시킬 수 있습니다. 부디 이 책이 여러분의 보고서 작성 실력을 높이는 데 밑거름이 되기를 희망합니다.

2024년 1월

최성호

▶▶▶ 이 책의 구성

이 책은 다음과 같은 구성으로 이루어져 있습니다.
보고서 차트 작성과 관련된 다양한 기술을 각각의 차트 사례를 통해 학습할 수 있습니다.

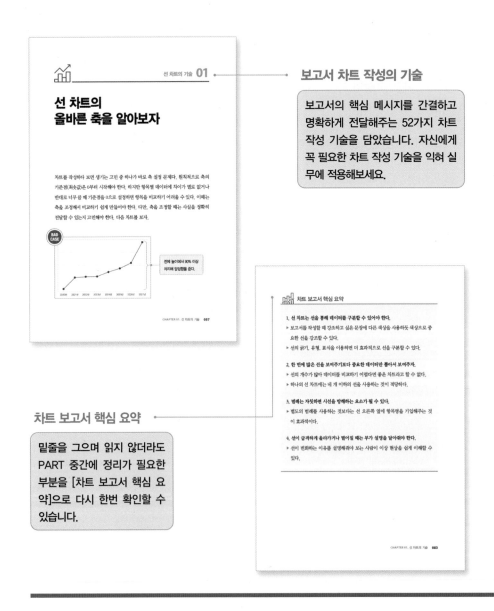

보고서 차트 작성의 기술

보고서의 핵심 메시지를 간결하고 명확하게 전달해주는 52가지 차트 작성 기술을 담았습니다. 자신에게 꼭 필요한 차트 작성 기술을 익혀 실무에 적용해보세요.

차트 보고서 핵심 요약

밑줄을 그으며 읽지 않더라도 PART 중간에 정리가 필요한 부분을 [차트 보고서 핵심 요약]으로 다시 한번 확인할 수 있습니다.

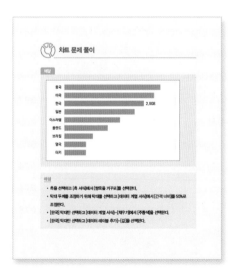

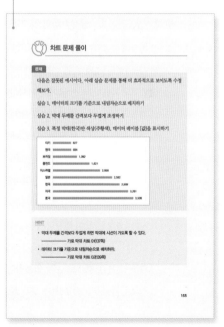

▶▶▶ 목차

목차

▶▶▶ 목차

INTRO

당신의 보고서에는
차트가 필요하다

차트는 왜
만들어야 하는가?

차트는 뉴스나 각종 홍보 전단, 인쇄물 등 우리의 일상 속에서 쉽게 찾아볼 수 있다. 게다가 직장인이라면 더 그렇다. 실무 현장에서 보고서나 제안서, 기획서를 작성할 때 차트는 빠질 수 없는 요소이다. 그렇다면 우리는 왜 차트를 만드는 것일까? 답은 간단하다. 문서에서 주장하는 바를 차트를 통해 쉽게 이해할 수 있기 때문이다.

실무 현장에서 깨알 같은 텍스트와 숫자로 이루어진 표를 해석해야 하는 사람은 누구일까? 일차적으로는 문서를 만드는 자기 자신이겠지만, 최종적으로는 문서를 보고 검토해야 할 사람이다. 내가 문서를 통해 말하고자 하는 메시지가 텍스트나 숫자로 구성돼 있거나 텍스트나 숫자에 기반을 두고 있을 때, 보는 사람이 이 메시지를 한꺼번에 이해하도록 도와주는 데 차트만큼 좋은 표현 방법은 없다.

차트의 중요성을 설명하기 전에 다음 표를 보고 가장 높은 매출액을 달성한 연도가 언제인지 확인해보자.

연도	2016	2017	2018	2019	2020	2021	2022	2023
매출액(억 원)	957	954	957	958	957	954	955	957

정답이 2019년도인 것을 확인했는가? 정답이 2019년도라는 것을 알아차릴 때까지 얼마나 시간이 걸렸는가? 시선이 왼쪽에서 오른쪽으로, 오른쪽에서 왼쪽으로 몇 번 반복한 후에야 정답이 2019년도라는 것을 알아차릴 수 있다. 만약 표의 숫자가 더 많고 복잡하다면 시간은 더 오래 걸렸을 것이다.

이번에는 표를 바탕으로 다음과 같이 차트를 만들었다. 차트를 보고 정답이 2019년도인 것을 확인하기까지 얼마나 시간이 걸렸는가? 아주 짧은 시간 만에 정답이 2019년도임을 확인했을 것이다. 이것이 차트가 가진 힘이다.

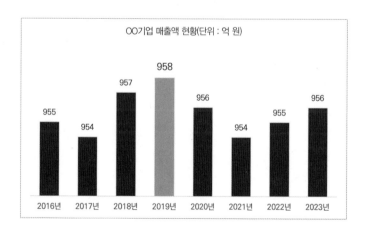

차트는 복잡한 숫자로 나열된 데이터를 보는 사람이 쉽게 이해할 수 있도록 도와준다. 즉 누군가에게 데이터를 설명할 때는 표를 통해서 데이터를 설명하는 것보다 차트를

이용하는 것이 더 좋다.

하지만 차트를 쉽게 만들기는 어렵다. 차트를 만들기 위해서는 데이터를 수집하고, 편집하고, 어떤 모양의 차트가 좋을지 고민하고, 검토하는 등 많은 시간과 노력이 필요하다. 이렇게 많은 시간과 노력을 들일 만큼의 메시지가 있다면 차트를 만들어야 하겠지만 아니라면 차트를 고집할 필요는 없다.

예를 들어보자. 투자자에게 회사의 재무 구조를 설명한다고 했을 때 기업의 재무상태표(손익계산서 등)만 있다면 충분히 메시지를 전달할 수 있다. 재무상태표는 많은 항목과 복잡한 표로 이루어져 있지만 투자자는 재무상태표를 읽는 데 익숙하기 때문이다. 이를 차트 형식으로 변형한다면 불필요한 오해만 일으키기 쉽다. 표만으로도 충분히 메시지를 전달할 수 있다면 굳이 차트를 만들 필요는 없다.

직장인이 차트를 작성하는 이유는 내가 작성한 차트를 보는 사람이 쉽게 읽어주기를 바라기 때문이다. 앞서 언급했듯이 무턱대고 표(데이터)를 차트로 만드는 것은 좋지 않다. 차트를 만들어야 한다면 차트 사용에 따르는 득과 실을 잘 따져보고 만들어야 한다.

데이터보다
메시지에 집중하라

차트는 데이터를 가공해 주장하고 싶은 메시지를 담는 요소이다. 많은 보고서나 기획서에서 표는 여러 가지 데이터로 이루어지는데, 표 안에 담기는 데이터가 많아지면 많아질수록 읽는 사람은 이 데이터가 어떤 의미가 있는지 파악하기 어렵다. 이때 표의 데이터 중에서 보는 사람이 원하는 정보를 뽑아내어 차트를 만들어야 메시지를 쉽게 전달할 수 있다.

다음 표는 한 기업의 직원 만족도 점수 현황이다. 직원 만족도 데이터를 하나의 표로 합쳐놓으면 각 팀별, 항목별로 직원 만족도를 한눈에 볼 수 있다. 이 표는 전체 직원의 만족도를 한 번에 확인할 수 있다는 장점이 있지만, 어느 팀이 점수가 높은지 또는 어느 항목의 점수가 높은지를 비교해서 보기는 어렵다. 데이터를 일일이 비교한다면 확인할 수 있겠지만 읽는 사람이 번거롭게 그래야 할 이유는 없다.

이때 차트를 사용해보자. 차트의 선이나 막대의 변화를 보여주면 각 점수를 쉽게 비교하고 이해시킬 수 있다.

구분	연봉수준	업무환경	인사제도	복리후생	평균
영업1팀	80.0	76.0	60.0	80.0	74.0
영업2팀	60.2	80.0	91.0	70.0	75.3
영업3팀	70.3	60.2	70.3	60.2	65.3
영업4팀	80.0	70.0	82.0	70.3	75.6
영업5팀	65.5	91.0	65.5	91.0	78.3
영업6팀	76.0	70.3	80.0	65.5	73.0

표를 세로 막대 차트로 만들면 다음과 같다. 이 차트는 표의 데이터를 모두 담았다는 점에서는 충실한 차트라고 할 수 있다. 하지만 한눈에 내용을 파악하기 어렵고 혼란스럽다. 많은 메시지가 하나의 차트에 담겨 있으므로 이해하기도 어렵다. 읽는 사람이 쉽게 이해할 수 있도록 한다는 차트의 목적을 고려하면 좋은 차트라고 말하기 어렵다.

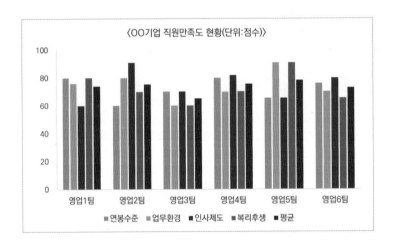

좋은 차트는 ① 보는 사람이 관심 있어 하는 주제에 초점을 맞추고 ② 이해하기 쉬운 시각적인 표현으로 ③ 원하는 메시지를 전달할 수 있어야 한다. 보는 사람이 필요로 하는 메시지가 차트를 통해 잘 전달돼야 한다는 것이다.

예를 들어보자. 앞의 데이터를 보는 사람이 여러 팀 중에서 우리 팀의 만족도가 높은 지에 관심이 있다면 작성자는 그 부분이 잘 보일 수 있도록 차트로 메시지를 제시해야 한다. 다음처럼 각 팀별 평균 점수로만 차트를 만들면 어떨까? '영업5팀'의 만족도가 가장 높고, '영업3팀'의 만족도가 가장 낮다는 것을 한눈에 파악할 수 있다.

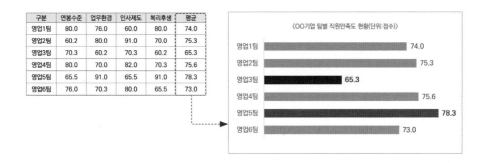

구분	연봉수준	업무환경	인사제도	복리후생	평균
영업1팀	80.0	76.0	60.0	80.0	74.0
영업2팀	60.2	80.0	91.0	70.0	75.3
영업3팀	70.3	60.2	70.3	60.2	65.3
영업4팀	80.0	70.0	82.0	70.3	75.6
영업5팀	65.5	91.0	65.5	91.0	78.3
영업6팀	76.0	70.3	80.0	65.5	73.0

〈OO기업 팀별 직원만족도 현황(단위:점수)〉

영업1팀 74.0
영업2팀 75.3
영업3팀 65.3
영업4팀 75.6
영업5팀 78.3
영업6팀 73.0

만약 회사의 인사제도를 관리하는 인사팀장이라면 어떨까? 인사제도와 관련된 점수에 관심을 가지고 차트를 볼 것이다. 보는 사람이 차트를 보는 목적이 이렇다면 작성자는 '인사제도'만 차트로 만들어야 할 것이다.

'인사제도' 점수만으로 차트를 만들면 어떨까? 인사팀장은 영업2팀의 인사제도에 대한 만족도 점수가 가장 높고, 영업1팀이 가장 낮음을 한눈에 파악할 수 있다.

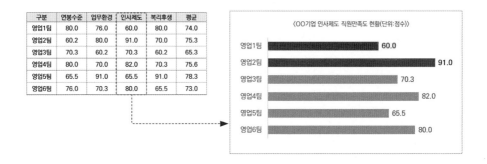

구분	연봉수준	업무환경	인사제도	복리후생	평균
영업1팀	80.0	76.0	60.0	80.0	74.0
영업2팀	60.2	80.0	91.0	70.0	75.3
영업3팀	70.3	60.2	70.3	60.2	65.3
영업4팀	80.0	70.0	82.0	70.3	75.6
영업5팀	65.5	91.0	65.5	91.0	78.3
영업6팀	76.0	70.3	80.0	65.5	73.0

〈OO기업 인사제도 직원만족도 현황(단위:점수)〉

영업1팀 60.0
영업2팀 91.0
영업3팀 70.3
영업4팀 82.0
영업5팀 65.5
영업6팀 80.0

차트에는 모든 데이터를 담는 것이 아니라 보는 사람이 알고 싶어하는 메시지를 담아야 한다. 앞의 사례처럼 같은 표라도 보는 사람에게 어떤 메시지를 전달할지에 따라서 다양한 차트로 표현할 수 있다. 따라서 차트를 작성할 때는 데이터를 그대로 표현하는 대신 필요한 정보가 무엇인지 파악하고 그 정보에 맞는 메시지를 결정한 후 차트를 작성해야 한다.

차트는
무엇으로 이루어졌나?

차트를 작성한다고 하면 흔히 어떤 종류의 차트를 선택할지부터 고민하기 마련이다. 메시지에 따라 올바른 차트를 선택하는 방법을 아는 것도 중요하지만, 차트 자체가 어떻게 구성돼 있는지를 이해하는 것이 더 중요하다. 차트의 기본 구성 요소와 차트를 시각적으로 더 좋게 작성하기 위해 필요한 꾸미기 요소를 먼저 알아보자. 차트의 종류별 특성이나 알맞은 차트를 선택하는 방법에 대해서는 PART 01에서 자세히 알아볼 것이다.

차트 구성 요소

차트는 막대나 선으로만 이루어져 있는 것이 아니라 여러 구성 요소를 가지고 있다. 이런 구성 요소를 어떻게 활용했느냐에 따라 차트가 제대로 작성됐는지, 아닌지를 알 수 있다.

예를 들어보자. 열심히 작성한 차트에 제목이 빠졌다면 이 차트가 무슨 차트인지 알기 어렵다. 데이터의 단위가 빠지면 어떨까? 차트에 담긴 값을 올바르게 읽을 수 없다. 실제 직장인들의 사례를 살펴보면 열심히 만든 차트에 제목, 단위 등이 빠지는 바람에 차트가 통째로 버려지는 경우도 많다. 차트의 구성 요소를 제대로 적용하는 것이 차트를 만드는 일보다 더 중요하다.

일반적으로 차트를 만들 때 가장 많이 사용하는 차트 작성 도구는 마이크로소프트 엑셀이다. 따라서 이 책에서는 엑셀에서 사용하는 용어와 정의를 바탕으로 차트를 제작하고 설명한다. 다음을 보고 차트의 기본적인 구성 요소를 알아보자.

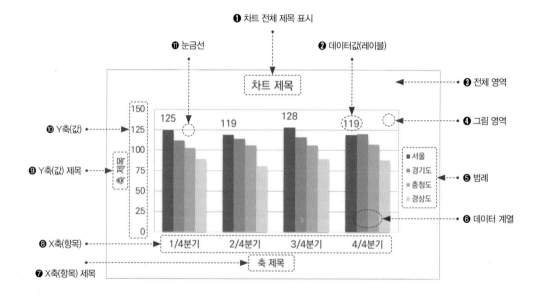

구성 요소	의미	엑셀 메뉴 활용
① 차트 전체 제목 표시	차트 전체의 제목을 표시하며 때로는 작성자의 메시지를 담는다.	[축 서식]에서 편집
② 데이터값	데이터의 값(수치, 비율 등)을 표시한다.	[데이터 레이블]에서 편집
③ 전체 영역	차트의 전체 영역을 의미하며 차트의 모든 구성 요소를 포함한다.	[차트 영역]에서 편집
④ 그림 영역	데이터값이 표시되는 영역 (X, Y축 영역 내)을 의미한다.	[테두리], [색상], [이미지] 등으로 시각적 표현
⑤ 범례	데이터 계열을 구분한다.	[범례 서식]에서 편집
⑥ 데이터 계열	값이 표시되는 막대, 선 등을 말한다. 항목별로 한 개의 계열만 있을 수도 있고, 두 개 이상일 수도 있다.	[데이터 계열 서식]에서 편집
⑦ X축(항목) 제목	X축에 표시된 데이터 항목의 의미를 제목으로 표시한다.	[축 서식]에서 편집
⑧ X축(항목)	데이터 항목의 이름을 표시한다.	[가로(항목)축 레이블]에서 편집
⑨ Y축(값) 제목	Y축에 표시된 값을 나타내는 제목을 표시한다.	[축 서식]에서 편집
⑩ Y축(값)	데이터 계열의 값(수치, 비율 등)을 막대, 선, 점으로 표시한다.	[데이터 선택]에서 편집
⑪ 눈금선	X축과 Y축의 눈금을 그림 영역에 표시한다. 주 눈금선과 보조 눈금선으로 나뉜다.	[눈금선 서식]에서 편집

차트 꾸미기 요소

차트의 대표적인 꾸미기 요소로는 ① 축, ② 색상, ③ 선, ④ 이미지가 있다. 차트가 기본적으로 잘 작성되었다면, 꾸미기 요소는 차트의 가독성을 높여주는 역할을 한다. 즉, 꾸미기 요소를 어떻게 조합하는지에 따라 가독성이 높은 차트인지 낮은 차트인지 판가름이 난다. 차트에서 꾸미기 요소를 어떻게 활용하는지 각 요소별로 하나씩 살펴보자.

① 축

축은 차트에서 데이터의 위치를 결정한다. 축의 범위가 잘못되면 엉뚱한 의미를 전달할 수 있다. 예를 들어보자. '고객만족도 점수는 영업2팀이 가장 높다'라는 메시지를 전달하기 위해 차트를 다음과 같이 만들었다면 보는 사람은 영업2팀이 다른 팀보다 높지만 결국 비슷하다고 생각할 가능성이 높다. 이렇게 작성된 차트가 틀린 차트는 아니다. 작성자가 전하고자 하는 메시지를 제대로 반영하지 못했을 뿐이다.

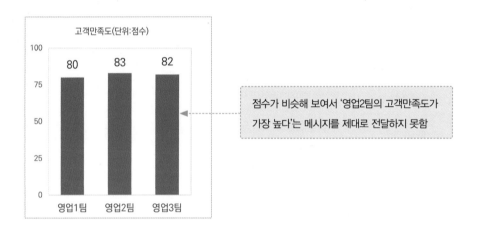

동일한 데이터와 동일한 차트를 사용한 다음 차트를 살펴보자. 축의 범위를 '0~100'에서 '75~85'로 바꾸었을 뿐인데 작성자의 메시지가 더욱 잘 드러나는 차트가 된다. 이 차트는 영업1팀, 영업2팀, 영업3팀의 점수를 '0~100' 범위에서만 보여주는 것이 아니라 영업1팀, 영업2팀, 영업3팀의 차이를 비교해서 영업2팀이 가장 잘했다는 것을 보여주는 것이 목적이기 때문이다.

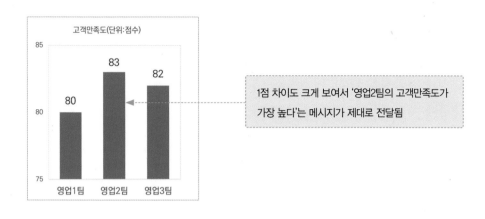

1점 차이도 크게 보여서 '영업2팀의 고객만족도가 가장 높다'는 메시지가 제대로 전달됨

다만 이런 경우 축 범위를 일부러 왜곡했다고 오해를 살 수도 있다. 이때는 다음과 같이 축 범위를 표시하지 않을 수도 있다. 의도적으로 왜곡해서 잘못된 정보를 전달하지 않는다는 전제하에 축 범위를 바꾸는 것만으로도 메시지 전달이 쉬워진다.

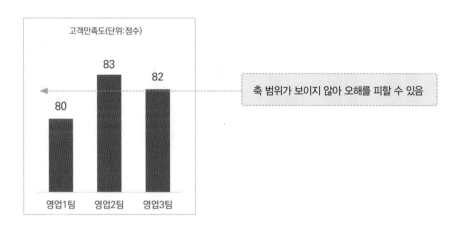

축 범위가 보이지 않아 오해를 피할 수 있음

② 색상

문서를 작성할 때는 텍스트의 글자 색을 빨간색으로 설정하거나 굵게(볼드) 하는 등의 방법으로 중요한 텍스트를 강조하곤 한다. 차트를 제작할 때도 마찬가지다. 목적에 따라 선, 막대, 표식 등의 색상을 다르게 바꿀 수 있다. 차트에서 색상을 사용하는

경우는 크게 세 가지로 나뉜다.

첫째, 여러 항목이 있을 때 항목을 구분하기 위해 사용한다.

둘째, 특정 항목을 강조할 때 사용한다.

셋째, 정확한 수치(값)를 표시할 때 사용한다.

차트에 담긴 막대 색상이 모두 동일하다면 항목이 잘 구분되지 않는다. 다음 차트를 보자. 모든 성별과 연령대에 동일한 색상을 사용하고 있어서 남녀를 구분하기 어렵다. 범례를 보거나 데이터를 확인해야만 구분할 수 있어 불편하다.

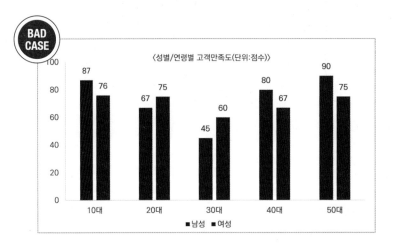

차트를 다음처럼 바꾸면 어떨까? 성별에 다른 색상(남성은 파란색, 여성은 빨간색)을 사용했더니 한눈에 차이를 확인할 수 있게 된다. 이처럼 색상을 이용하면 작성자의 메시지를 좀 더 쉽게 확인할 수 있다.

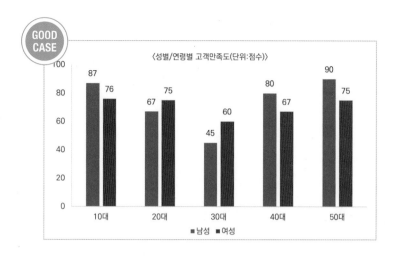

다음 차트를 통해 'OO 부서의 매출액이 가장 높은 연도는 2021년이다.'라는 메시지를 전달하려고 한다. 가장 높은 막대를 찾고, 막대의 숫자, 레이블을 확인한 뒤에야 가장 높은 연도를 찾을 수 있을 것이다.

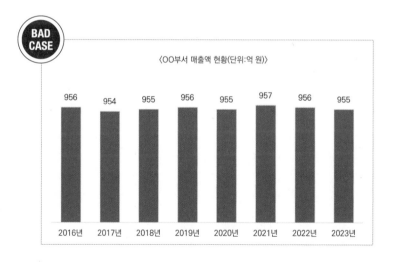

다음 차트는 보자마자 파란색 막대가 바로 눈에 들어올 것이다. 이 막대의 연도가 2021년이라는 것도 바로 확인할 수 있다.

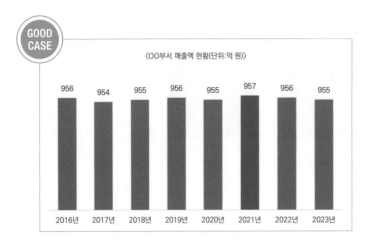

전달하려는 메시지가 'OO 부서의 매출액이 가장 적은 연도는 2017년이고, 가장 높은 연도는 2021년이다.'라면 2017년 막대 색상을 빨간색으로 바꿔보자. 내가 주장하고 싶은 메시지에 따라서 색상을 적절히 활용해 차트를 효과적으로 쓰는 것이 핵심이다.

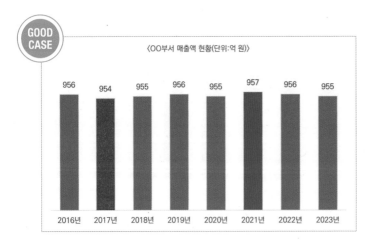

③ 선(굵기, 유형)

차트에서 선은 시각적인 효과를 나타내는 중요한 요소이다. 많은 사람들이 선은 선 차트를 작성할 때만 사용한다고 생각하는데 그렇지 않다. 선이 가진 특성을 잘 이용하면 시각적으로 특화된 차트를 만들 수 있다. 차트에서 선은 굵기와 유형에 따라서 사용 방법이 다르다. 여기서는 먼저 선의 굵기에 대해 알아보자.

굵기가 두꺼운 선은 강조의 의미를 지닌다. 다음 차트는 회사 영업팀별 영업실적 현황을 나타낸 차트이다. 차트에는 총 세 개의 선이 있는데 영업2팀의 선을 다른 팀에 비해 세 배 굵게 설정했다. 이렇게 하면 다른 팀에 비해 영업2팀의 추세를 쉽게 확인할수 있다. 작성자가 영업2팀 소속이라면 자신이 속한 팀의 실적 추세를 별다른 부연 설명 없이 선의 굵기만으로 강조할 수 있다.

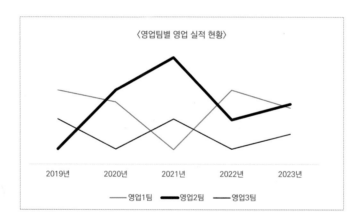

다음 차트는 가로 막대 차트를 이용한 차트이다. 영업5팀의 막대를 살펴보면 테두리를 세 배 두껍게 설정해 강조한 것을 확인할 수 있다. 이처럼 차트에서 선의 굵기는 강조의 용도로 많이 사용한다.

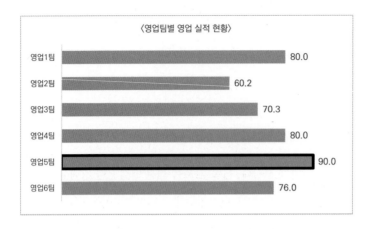

다음으로는 선의 유형을 살펴보자. 엑셀에서 선의 유형은 크게 실선, 점선, 쇄선(파선)으로 나뉜다. 도면을 작성할 때는 각각의 목적이 명확하지만, 차트를 작성할 때는 모두 강조하거나 구분할 때 사용된다. 엑셀에서도 이러한 선의 유형을 쉽게 선택할 수 있다.

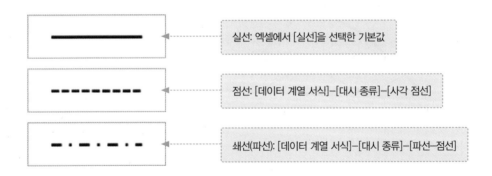

다음 차트는 영업2팀을 실선으로 설정하고 나머지 팀은 점선으로 설정한 차트이다. 선의 굵기를 조절하지 않고 선의 유형만으로도 선을 구분해 나타낼 수 있다.

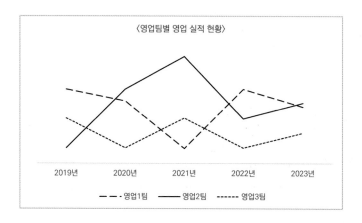

다음 차트는 엑셀에서 도형(선)을 이용해 참조선(평균 실적)을 삽입한 차트이다. 연간 평균 실적보다 높은 성과를 낸 팀을 쉽게 확인할 수 있다. 이처럼 참조선은 차트에서 보조적인 정보를 수월하게 전달하는 수단으로 활용된다.

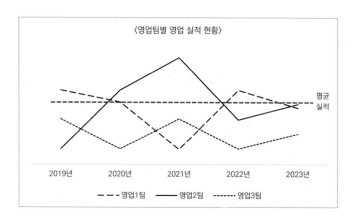

④ 이미지

이미지는 차트에서 시각적인 효과를 선명하게 하거나 차트를 눈에 띄게 만들어주는 요소다. 다음 차트를 보자. 차트의 제목이나 범례를 보면 이 차트가 승용차 판매 추세를 나타낸다고 확인할 수 있다.

반대로 말하자면 이 차트는 제목과 범례를 확인하기 전에 무엇을 말하는지 직관적으로 파악하기는 어렵다. 물론 잘못된 차트는 아니다. 다음 차트를 보자. 자동차를 나타내는 이미지가 차트 배경에 삽입됐다. 차트를 보자마자 자동차와 관련된 차트임을 알 수 있다.

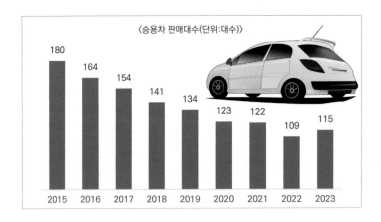

차트 배경에 이미지를 넣으면 이 차트가 무엇을 설명하는지 직관적으로 파악할 수 있고 쉽게 이해할 수 있다.

차트 막대 배경에 이미지를 넣는 경우도 있다. 다음 차트와 같이 막대에 남성, 여성을 나타내는 이미지를 넣으면 범례를 표시하지 않아도 직관적으로 남녀의 막대를 구분할 수 있다. 이처럼 의미하는 바가 직접적으로 묘사된 그림을 '픽토그램'이라고 한다. 픽토그램은 전문적인 디자인 영역에서만 사용된다고 생각하기 마련인데 엑셀의 차트 만들기 기능을 통해서도 충분히 활용할 수 있다.

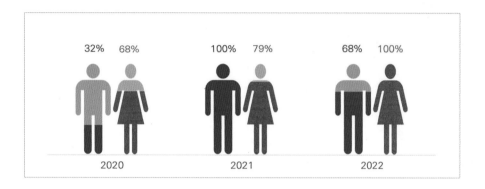

차트에 이미지를 활용하면 보고서를 보기 좋게 만들어주고 가독성도 높여준다. 이미지 하나만 넣어도 보고서를 보는 사람의 시선을 사로잡을 수 있을 것이다. 그렇다고 아무 이미지나 사용하면 안 되고 차트를 잘 설명해줄 수 있는 이미지를 선별해 사용해야 한다는 점만 주의하자. 또 이미지는 가급적이면 저작권이 없는 이미지를 활용하는 것이 좋다. 이 책에서 사용한 모든 이미지는 픽사베이(www.pixabay.com)를 활용했다.

올바른
차트 선택 방법

차트를 써야 하는 이유도 알았고, 좋은 차트와 나쁜 차트를 구분하는 방법도 조금 알았으니 이제 남은 일은 데이터를 가지고 차트를 만드는 일이다. 차트가 한 가지만 있다면 좋겠지만 차트는 선 차트, 원 차트, 세로 막대 차트, 가로 막대 차트, 방사형 차트, 분산형 차트 등으로 종류가 무수히 많다. 이토록 많은 차트 중에서 한 가지를 선택해야 하는데 생각처럼 쉽지만은 않다.

실무에서는 차트 종류를 선택할 때 상사의 취향에 따라 사용하는 경우가 종종 있다. 상사가 선 차트를 선호하면 고민 없이 선 차트를 사용하는 것이다. 차트는 보고서의 효과를 높여주는 요소이고 보고서가 상사를 설득하기 위한 문서라는 점에서 아예 틀린 방법은 아니다. 다만, 보고서가 나의 상사 한 명만 보는 것이 아니라 사장, 동료, 후배, 외부 등 많은 사람이 보는 문서라면 모든 이를 고려한 가장 적합한 차트를 선택해야 한다.

이 책에서는 상황마다 특정 차트를 사용하는 것이 정답이라고 단언하지 않는다. 필자가 십수 년간 많은 보고서, 기획서, 발표 자료 등을 작성하면서 축적된 차트 작성 경험과 보편적으로 널리 알려진 가이드를 바탕으로 설명한다. 특정 차트를 사용하는 것이 좋다는 필자의 조언 정도로 생각하기를 바란다.

엑셀은 직장인의 업무를 위한 도구이고 차트를 만들 때도 흔히 사용되는 도구이다. 엑셀에서 만들 수 있는 차트 종류만 해도 17가지이며 엑셀 버전이 업데이트될 때마다 추가된다. 누적 차트처럼 비슷하지만 다른 형태를 보이는 응용 차트나, 요소를 혼합해서 만드는 혼합 차트를 포함하면 더 많다. 통계 분석 소프트웨어에서 제공하는 차트 종류까지 따지면 차트 종류가 수십 가지는 될 것이다. 다만, 여기서는 직장인이 실무에서 사용하는 필수적인 엑셀 차트만 다루고자 한다.

엑셀의 모든 차트

차트는 데이터를 쉽게 비교하기 위해 작성된다. 보는 사람이 데이터(수치)를 비교하는 시간을 줄이기 위해 차트라는 시각화 도구로 친절히 비교해주는 것이다. 따라서 데이터에 따라 보는 사람이 읽기 편한 형태의 차트가 어떤 차트인지 알아야 한다.

차트를 선택하는 가장 좋은 기준은 작성자의 메시지이다. 메시지를 유형별로 나누면 다음 표의 네 가지로 구분할 수 있다.

유형	세부 설명	전달 메시지	추천 차트
시간적 변화를 보여줄 때	시간의 변화에 따라 상승/하락하는 추세를 설명할 때	증가한다. 상승한다. 감소한다. 하락한다. 변화한다. 등	선 차트 세로 막대 차트 스파크라인 간트 차트
순위를 보여줄 때	여러 항목 중에서 상대적인 순위를 설명할 때	~보다 높은, ~보다 낮은, ~보다 많은, ~보다 적은 등	가로 막대 차트 깔때기형 차트 방사형 차트 히스토그램 히트맵 차트 영역형 차트
비중을 보여줄 때	전체 중에서 항목들이 차지하는 비중을 설명할 때	전체 중 OO은 O% 차지한다. OO은 OO%를 차지한다. 등	원 차트 도넛 차트 선버스트 차트 누적 막대 차트 폭포 차트 트리맵 차트
관계를 보여줄 때	두 개 이상 변수(계열) 간의 상호 관계를 설명할 때	~와 관련있다. ~와 관련없다. ~따라 증가한다. ~따라 감소한다. 등	분산형 차트 양방향 차트 콤보 차트

시간적 변화를 보여줄 때

차트를 사용하는 가장 기본적인 목적은 시간에 따른 변화를 보여주는 것이다. 즉, 시간이 지날수록 증가하거나 하락하는 데이터의 추세를 한눈에 파악하기 위함이다. 데이터를 뜻하는 점이나 선이 왼쪽에서 오른쪽으로 갈수록 올라가거나 내려가는 모습을 보여주는 것이 중요하다.

시간적 변화를 가장 잘 나타낼 수 있는 차트는 선 차트이다. 선 차트는 데이터가 오르내리는 모습을 가장 쉽게 확인할 수 있다.

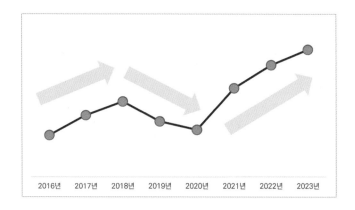

선 차트 다음으로 시간적 변화를 보여주기 위해 가장 많이 사용되는 차트는 세로 막대 차트이다. 사실 데이터는 데이터의 사이가 선 차트의 점과 점 사이처럼 연결돼 있지 않고 막대 차트처럼 단절돼 있다. 다음 차트를 보자. 각 연도의 데이터는 사실 별개의 데이터이다. 선 차트는 이런 별개의 데이터를 서로 연결해 추세를 강조한다.

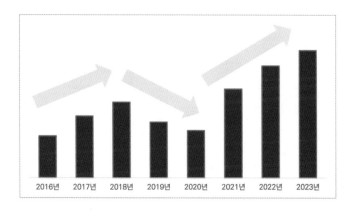

막대 차트를 사용하면 추세를 알기 위해 막대의 꼭짓점을 찾아 연결해야 하지만, 항목별 데이터를 명확히 확인할 수 있다는 장점이 있다. 가로 막대 차트가 아닌 세로 막대 차트를 사용하는 이유는 시간의 흐름을 왼쪽에서 오른쪽으로 읽는 게 더 익숙하기 때문이다.

엑셀 시트의 셀을 이용해서 간편하게 만들 수 있는 스파크라인도 차트의 한 종류다. 스파크라인 차트는 일반 차트처럼 값을 보여주거나 시각적인 효과를 주는 데는 한계가 있지만, 엑셀 시트로 추세나 경향을 보여주는 보고서를 작성할 때 간편하게 사용할 수 있는 차트이다.

구분	2020	2021	2022	2023	2024	스파크라인
A사	320	125	246	325	485	
B사	125	186	198	59	241	
C사	246	325	320	125	99	
D사	198	246	195	201	258	
E사	320	125	246	325	300	
F사	125	186	198	246	325	
H사	195	215	175	198	59	

실무에서 업무 진행 상황을 한눈에 확인하게 도와주는 간트 차트도 있다. 직장인이라면 프로젝트나 업무를 진행할 때 현황표를 한 장씩 출력해서 책상에 붙여두고 수시로 확인한 경험이 있을 것이다. 간트 차트의 세로 방향은 업무나 과업을, 가로 방향은 시간의 경과를 막대로 보여준다. 보통 표로 만들지만 이는 번거롭기 때문에 가로 막대 차트를 이용해 쉽게 만들 수 있다.

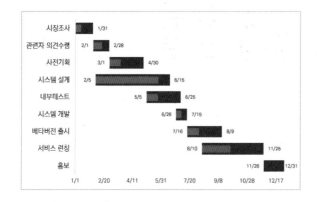

순위를 보여줄 때

차트는 하나의 항목만을 설명하는 경우도 있으나 다수의 항목을 설명할 때 더 많이 활용된다. 대부분 많은 항목 가운데 상대적인 순위를 설명하는 것이 목적이다. 차트를 보는 사람은 어느 항목의 수치가 가장 높고 낮은지 순위를 쉽게 파악하길 원한다. 이때는 막대 차트가 유용하다. 막대 차트는 수치의 높고 낮음을 가로로 표현하는 가로 막대 차트와 세로로 표현하는 세로 막대 차트가 있으나 순위를 표현하기에 적합한 막대 차트는 가로 막대 차트이다.

가로 막대 차트는 항목명이 길어도 전부 표시할 수 있고 막대가 위(높은 쪽)에서 아래(낮은 쪽)로 정렬돼 표현되므로 순위를 나타내기에도 좋다. 다음 사례를 살펴보면 '티에듀OOO 컨설팅 회사가 매출액 1위를 차지한다.'라는 메시지를 파악할 때 가로 막대 차트가 더 직관적임을 알 수 있다.

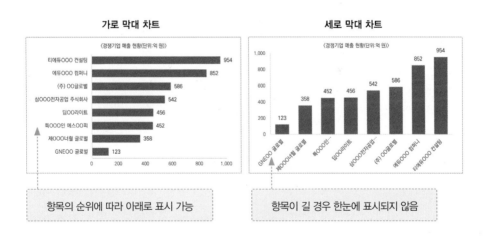

데이터가 수시로 바뀐다면 엑셀의 기능 중 하나인 [조건부 서식]을 이용하는 것도 좋다. 조건부 서식을 이용하면 클릭 몇 번으로 값이 막대로 표시된다. 값이 셀 안에만 표시된다는 단점이 있지만, 시각적으로 표현된다는 점에서 일종의 차트라고 볼 수 있다.

영업소	고객만족도(점수)
서초1지점	80
서초2지점	67
서초3지점	85
서초4지점	90
서초5지점	65
성남1지점	45
성남2지점	86
성남3지점	90
성남4지점	40
성남5지점	52
강남1지점	58
강남2지점	65
강남3지점	75
강남4지점	72
강남5지점	76

[조건부 서식] 중 [색조] 기능을 이용하면 히트맵 차트를 만들 수 있다. 히트맵 차트는 색의 변화로 데이터의 분포 현황을 쉽게 파악할 수 있게 도와주는 차트이다. 만들기도 쉽고 색의 변화로 데이터의 순위를 쉽게 파악할 수 있다.

시	구	지점명	월별 판매실적(대수)											
			1월	2월	3월	4월	5월	6월	7월	8월	9월	10월	11월	12월
서울시	서초구	서초1지점	80	80	80	80	80	70	60	80	80	100	75	100
		서초2지점	55	40	30	75	60	120	100	90	50	60	55	60
		양재1지점	40	90	50	55	40	30	75	60	100	40	50	60
		양재2지점	80	75	60	70	40	100	90	50	60	80	55	75
	송파구	송파1지점	75	55	40	30	80	40	90	50	60	75	40	55
		송파2지점	100	90	50	60	75	80	75	60	70	60	40	95
		석촌본점	30	75	75	60	100	75	55	40	55	40	100	75
	강남구	역삼본점	100	90	55	40	60	80	70	40	100	55	60	55
성남시	중원구	도촌지점	40	90	70	40	60	75	30	80	60	40	60	40
		상대원지점	75	60	30	80	70	60	40	55	60	40	75	40
	분당구	야탑지점	75	60	55	40	30	75	100	80	70	70	75	100
		이매지점	55	40	40	70	75	60	75	75	55	55	60	60
용인시	용인구	상현지점	70	40	40	30	60	40	60	55	75	40	60	40
	기흥구	기흥지점	30	80	40	75	75	60	40	60	40	40	75	40

만약 항목 수가 많다면 방사형 차트를 사용하는 것이 좋다. 방사형 차트는 많은 항목 중 어느 항목이 높고 낮은지 한번에 확인하기 쉽다. 다음 차트에서는 팀별 월별 실적 을 한눈에 파악할 수 있다.

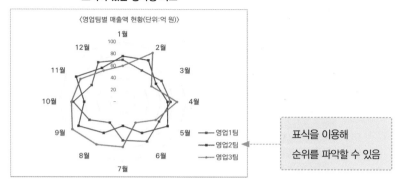

표식이 있는 방사형 차트

〈영업팀별 매출액 현황(단위:억 원)〉

표식을 이용해
순위를 파악할 수 있음

가장 높은 팀만 보고 싶다면 다음 차트처럼 면적에 색을 칠해 단순하게 만들 수 있다. 차트를 통해 보여주고 싶은 메시지에 따라서 표식을 이용하거나 면적의 색상을 이용하는 것이다.

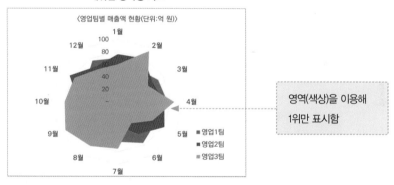

채워진 방사형 차트

〈영업팀별 매출액 현황(단위:억 원)〉

영역(색상)을 이용해
1위만 표시함

순위를 나타내는 데 유리한 가로 막대 차트를 응용한 깔때기형 차트도 있다. 가로 막대 차트가 0을 기준으로 해 오른쪽으로 막대가 커지는 모습이라면, 깔때기형 차트는 막대 중간을 기준으로 해 좌우로 막대가 커지는 모습이다. 이렇게 배치하면 가로 막대 차트와 마찬가지로 값이 큰 항목을 가장 위에 두고 아래로 갈수록 작아지는 모습을 표현하면서 비중의 변화도 같이 나타낼 수 있는 장점이 있다.

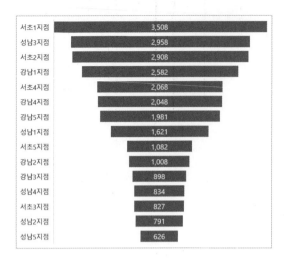

서초1지점	3,508
성남3지점	2,958
서초2지점	2,908
강남1지점	2,582
서초4지점	2,068
강남4지점	2,048
강남5지점	1,981
성남1지점	1,621
서초5지점	1,082
강남2지점	1,008
강남3지점	898
성남4지점	834
서초3지점	827
성남2지점	791
성남5지점	626

엑셀 2016 버전부터 엑셀에 추가된 히스토그램과 파레토 차트가 있다. 생김새는 세로 믹대 차트와 비슷하지만 다르다. 세로 막대 차트는 X축에 시간을 순차적으로 배치해 시간의 변화에 따른 값을 표현하지만, 히스토그램은 X축에 시간을 두지 않고 구간을 두어 구간별로 빈도수를 표현한다. 이렇게 함으로써 빈도수가 큰 구간이 어디인지를 나타내는 데 중점을 둔다.

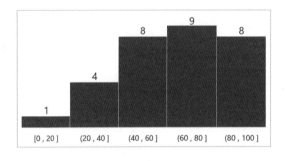

히스토그램과 비슷한 파레토 차트도 있다. 히스토그램은 구간별 빈도수를 나타낸 차트라면, 파레토 차트는 빈도수의 크기에 따라 왼쪽부터 오른쪽으로 구간을 나타내어 순위를 보여준다. 또한 오른쪽으로 갈수록 구간별 빈도수를 합해 전체 중에서 차지하는 비중(%)을 선 차트로 나타내준다. 이렇게 하면 몇 개 구간의 빈도수가 전체 중에서 얼마나 차지하는지를 알 수 있다.

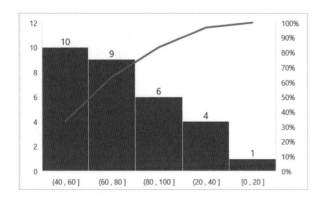

비중을 보여줄 때

보고서를 작성하다 보면 전체 항목 중에서 특정 항목이 어느 정도의 비중을 차지하는지 보여줘야 할 때가 종종 있다. 이때는 원 차트를 사용하는 것이 바람직하다. 도형으로서 원은 전체를 암시하고 있으므로 원 차트는 별다른 설명 없이 원 전체가 100%라는 것과 항목별 수치(비율)의 비중을 쉽게 인지할 수 있다.

물론 원 차트도 단점이 있다. 항목 수가 많아지면 항목끼리의 구분이 어렵다는 것이다. 원 차트로 표현하기에는 다섯 개 이하의 항목이 적당하다. 다음 차트를 보면 왼쪽 차트는 10개의 항목을 한 번에 나타내려 해서 어수선한 느낌을 주는 반면 오른쪽 차트는 6위부터 10위까지 항목을 기타로 묶어서 깔끔하게 정돈된 느낌을 준다. 표현할 항목의 개수가 많다면 주요 항목 다섯 개를 제외하고 비중이 적은 항목은 기타 항목으로 묶어서 표현하는 것이 바람직하다.

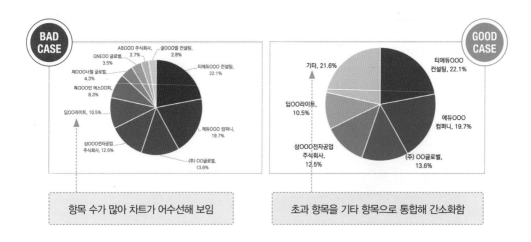

| 항목 수가 많아 차트가 어수선해 보임 | 초과 항목을 기타 항목으로 통합해 간소화함 |

비중을 쉽게 보여주는 원 차트의 장점에다 시각적인 효과가 결합된 도넛 차트도 있다. 뉴스나 기사에서는 원 차트보다는 도넛 차트가 많이 보일 정도로 사용 빈도가 높다. 도넛 모양처럼 가운데 구멍이 있어서 도넛 차트로 불리는데, 일반적으로 가운데 구멍에는 차트 제목을 배치한다.

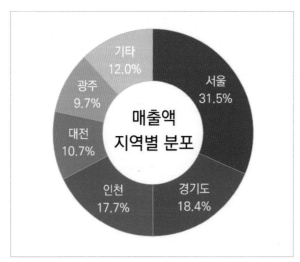

▲ 도넛 차트는 중앙에 차트 제목을 담을 수 있음

도넛 차트를 응용한 반원 도넛 차트도 있다. 반원 도넛 차트는 도넛 차트를 반으로 쪼개어 반원에 100%를 표시한다. 이렇게 하면 상대적으로 자리를 덜 차지한다. 이런 장점 때문에 보고서를 작성할 때 공간이 부족한 경우 자주 사용된다.

▲ 반원 형태로 만들면 시선의 폭을 줄일 수 있음

데이터가 계층을 가지고 있다면 엑셀 2016 버전부터 제공되는 선버스트 차트를 사용하자. 도넛 차트는 한 개의 계층만 표현할 수 있지만, 선버스트 차트는 다수의 계층 구조를 표현하는 데 효율적이다.

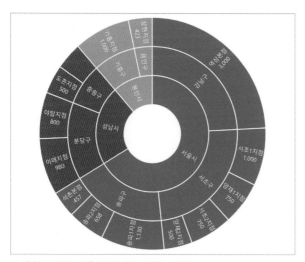

▲ 선버스트 차트는 계층 구조를 쉽게 표현할 수 있음

비중을 나타낼 때 원 차트 다음으로 많이 사용되는 차트는 누적 막대 차트이다. 누적
막대 차트는 세로 누적 막대 차트와 가로 누적 막대 차트로 구분된다. 세로 누적 막대
차트는 시간 경과에 따른 항목별 비중의 변화를 설명하기 좋고 가로 누적 막대 차트는
항목 간의 비중 변화를 설명하기 좋은 차트이다.

다음 차트를 보면 왼쪽 차트는 왼쪽에서 오른쪽으로 시간이 지날수록 사람들이 선호
하는 점심 메뉴 중에서 어떤 음식(항목)의 비중이 커지고 작아지는지 확인할 수 있다.
오른쪽 차트는 위에서 아래로 연령이 높아질수록 어떤 점심 메뉴를 선호하는지 연령
별 차이를 확인할 수 있다.

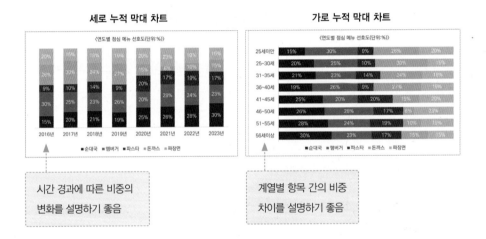

비중의 증감을 표현하는 데 장점이 있는 폭포 차트도 있다. 이런 장점에도 불구하고 원
래 폭포 차트는 누적 막대 차트를 응용해서 만들어야 해서 까다로운 차트였으나, 엑셀
2016 버전부터 기본으로 제공되고 있어 이제 손쉽게 만들 수 있게 됐다.

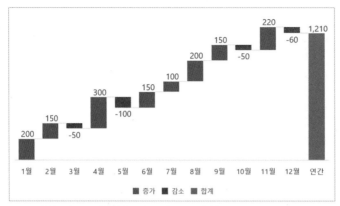

▲ 폭포 차트는 세부 항목의 증감을 보여주면서 전체를 설명함

엑셀 2016 버전부터 제공되는 트리맵 차트도 있다. 트리맵 차트는 사각형을 사용해 데이터의 계층 구조를 표현하는 데 적합하다. 계층 구조를 표현한다는 점에서 선버스트와 비슷하지만, 선버스트 차트는 원을 조각내서 보여준다면 트리맵 차트는 사각형을 조각내서 보여준다.

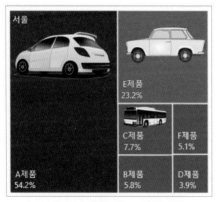

▲ 트리맵 차트에 이미지를 사용하면 시각적인 효과를 더할 수 있음

관계를 보여줄 때

앞서 알아본 차트는 하나의 변수(계열)에 적합한 차트였다. 이번에는 두 개 이상인 변수(계열) 간의 관계를 표현할 때 자주 쓰는 차트를 알아보자.

하나의 변수로 구성된 차트는 쉽게 말해 사람들이 연도별로 선호하는 점심 메뉴가 변화했는지, 연령에 따라 다른지 등 '선호 점심 메뉴'라는 하나의 변수(계열)에 대한 시간적 변화나 항목별 비교를 살펴보는 차트이다.

그렇다면 이제 두 개 이상의 변수인 '선호 점심 메뉴'와 '월급'과의 상관관계를 보여주려 한다면 어떨까? 월급의 높고 적음에 따라 선호하는 메뉴가 다른지를 살펴보기 위해 차트를 만들 수 있다. 이때는 분산형(거품형) 차트와 콤보 차트를 활용한다.

먼저 분산형 차트는 두 변수(계열)를 교차해서 보여주는 차트라고 생각하자. 통계분석 분야에서는 보고서에 하나 이상은 꼭 포함될 만큼 분산형 차트를 많이 사용하는데 독립변수(X축)에 따른 종속변수(Y축)의 관계를 설명할 때 분산형 차트를 사용하기 때문이다.

예를 들어 해외 국가의 시장규모와 성장률을 차트로 작성한다고 해보자. 다음처럼 시장규모와 성장률 차트를 각각 만들 수 있다. 왼쪽에서는 국가별 시장규모를 확인할 수 있고 오른쪽에서는 국가별 성장률을 확인할 수 있다.

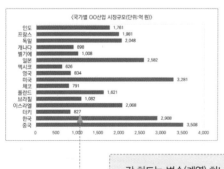
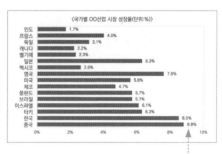

각 차트는 변수(계열) 하나의 항목 순위만을 나타냄

두 차트 모두 개별 의미가 있는 차트지만 두 차트를 나란히 놓는다고 해서 시장규모와 성장률을 같이 해석하기는 어렵다. 실무에서는 시장규모와 성장률을 따로 살펴보지 않는다. 시장규모나 성장률이 크다고 좋은 시장인 것은 아니다. 시장규모와 성장률이 적절하게 균형 잡힌 시장을 좋은 시장이라고 할 때, 이 균형을 확인하기 위해 분산형 차트를 사용한다.

분산형 차트의 원리는 다음과 같이 X축에 시장규모를 배치하고, Y축에 성장률을 배치하는 것이다. 시장규모는 큰데 성장률이 적은 국가나 반대 경우인 국가를 쉽게 확인할 수 있다. 이처럼 분산형 차트는 변수(계열)가 두 개일 때 가장 유용하다.

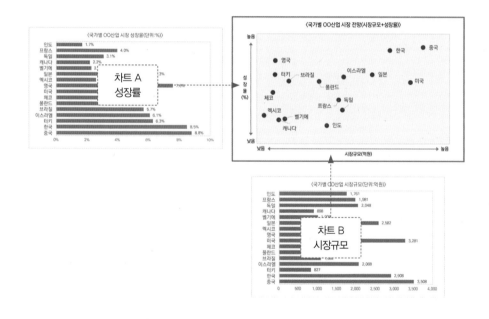

만약 변수(계열)가 세 개라면 분산형 차트의 응용 형태인 거품형 차트를 사용하면 된다. 다음 사례는 X축에 시장규모를, Y축에 성장률을 각각 설정한 후 차트에 표시되는 표식의 크기로 인구수를 나타내었다. 이처럼 표식을 활용해서 계열을 추가해 세 개의 계열(변수)을 한 번에 모두 보여주는 차트를 거품형 차트라고 한다.

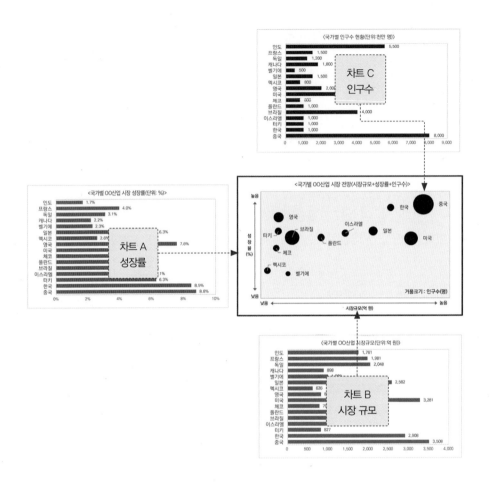

이보다 간단하게 관계를 설명하는 차트도 있다. 쌍방향 막대 차트이다. 쌍방향 막대 차트는 누적 막대 차트를 응용한 형태로, 쉽게 말해 막대 차트를 좌우 또는 상하로 겹쳐놓은 형태라고 생각하자. 다음 차트는 가운데 범례를 넣고 비교 변수를 좌우, 상하로 배치했다. 성별에 따른 점심 메뉴 선호도를 한눈에 확인할 수 있다.

주로 가로 막대 차트를 활용하지만, 간혹 세로 막대 차트를 활용하기도 한다. 아쉽게도 엑셀에서 기본적으로 제공하는 차트가 아니어서 누적 막대 차트를 수정해야 한다.

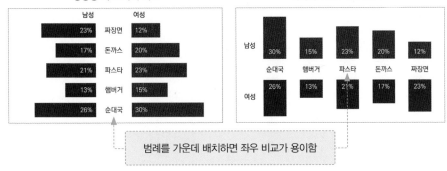

쌍방향 가로 막대 차트

남성		여성
23%	짜장면	12%
17%	돈까스	20%
21%	파스타	23%
13%	햄버거	15%
26%	순대국	30%

쌍방향 세로 막대 차트

남성	30%	15%	23%	20%	12%
	순대국	햄버거	파스타	돈까스	짜장면
여성	26%	13%	21%	17%	23%

범례를 가운데 배치하면 좌우 비교가 용이함

콤보 차트도 매우 많이 사용된다. 두 개의 차트축을 결합한 형태인 콤보 차트는 보고서를 작성할 때 많이 사용되며 엑셀에서 만들기도 쉽다. 콤보 차트를 만들 때는 엑셀 차트의 보조축을 이용하는데 기본이 되는 변수(계열)는 왼쪽(기본축)에 수치를 맞추고, 비교할 변수(계열)는 오른쪽(보조축)에 수치를 맞추어 한 차트로 보여준다.

다음과 같이 기본축(왼쪽)에는 연도별 매출액, 보조축(오른쪽)에는 연도별 직원수를 넣어서 콤보 차트를 만들 수 있다.

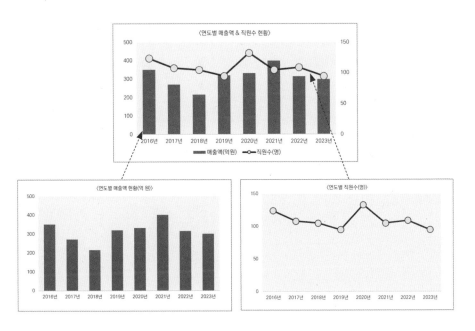

메시지 유형에 따른 추천 차트

사용 빈도: ●(많음), ◑(보통), ○(낮음)

목차	차트 유형	메시지 유형			
		시간적 변화를 보여줄 때	순위를 보여줄 때	비중을 보여줄 때	관계를 보여줄 때
PART 01	선 차트	●	◑	○	○
	세로 막대 차트	●	◑	○	○
	간트 차트	●	○	○	◑
	스파크라인	●	◑	○	○
PART 02	가로 막대 차트	◑	●	○	○
	깔때기형 차트	○	●	○	○
	방사형 차트	○	●	○	○
	히스토그램	○	●	◑	○
	히트맵 차트	◑	●	○	○
	영역형 차트	◑	●	◑	○
PART 03	원 차트	○	◑	●	○
	도넛 차트	○	◑	●	○
	선버스트 차트	○	◑	●	○
	누적 막대 차트	◑	◑	●	○
	폭포 차트	○	◑	●	○
	트리맵 차트	○	◑	●	○
PART 04	분산형 차트	○	◑	○	●
	양방향 차트	○	◑	○	●
	콤보 차트	◑	◑	○	●

PART
01

시간의 변화를
보여주는 차트

선 차트의
기술

선 차트의
올바른 축을 알아보자

차트를 작성하다 보면 생기는 고민 중 하나가 바로 축 설정 문제다. 원칙적으로 축의
기준점(최솟값)은 0부터 시작해야 한다. 하지만 항목별 데이터에 차이가 별로 없거나
반대로 너무 클 때 기준점을 0으로 설정하면 항목을 비교하기 어려울 수 있다. 이때는
축을 조정해서 비교하기 쉽게 만들어야 한다. 다만, 축을 조정할 때는 사실을 정확히
전달할 수 있는지 고민해야 한다. 다음 차트를 보자.

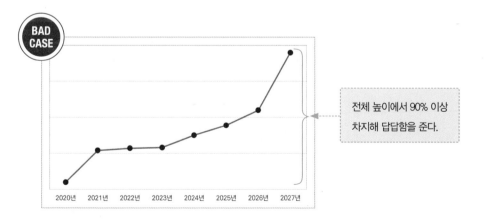

전체 높이에서 90% 이상
차지해 답답함을 준다.

데이터가 차트 세로 범위의 대부분(90% 이상)을 차지하고 있어 가파른 기울기를 보여준다. 답답한 느낌도 든다. 이 차트의 축 범위를 조정해서 다음 차트처럼 만들면 어떨까?

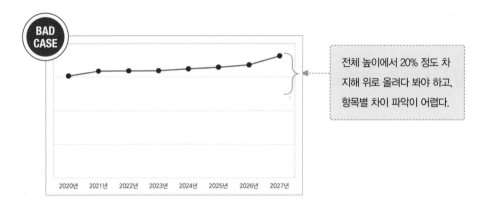

이번에는 차트 영역 중 데이터가 상단 20% 정도에 몰려 위치하고 있다. 항목과의 거리가 멀고 기울기도 실제보다 완만하게 보이므로 연도별 차이가 거의 없는 것처럼 오해를 불러일으킬 수 있다.

사실 점과 선의 적당한 위치에 대한 정답은 없다. 하지만 차트 중심에서 50~60% 정도의 위치가 보기에 좋다. 데이터의 성장률을 그대로 기울기로 나타낼 수 있고 차트를 보는 사람에게 안정감을 줄 수도 있다.

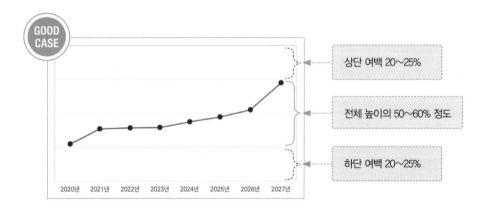

선 차트 [실습] 축 범위 설정하기

예제 파일 PART01₩선차트01_축범위설정하기.xlsx

선 차트에서 선의 위치를 보기 좋게 배치해보자. 엑셀의 [축 서식] 작업 창에서 조정할 수 있다.

❶ 예제 파일을 불러오고 차트의 세로축을 선택한 상태에서 ❷ 마우스 오른쪽 버튼을 클릭해 [축 서식]을 선택한다.

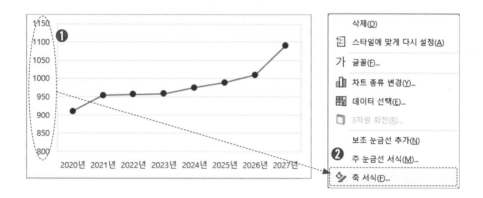

[축 서식] 작업 창이 나타나면 [축 옵션]에서 [최소값]과 [최대값]을 설정해서 선을 원하는 위치에 배치할 수 있다. [최소값]을 크게 설정하면 세로축을 기준으로 선이 위로 올라가고, [최대값]을 크게 설정하면 선이 아래로 내려간다. 차트 의도에 맞게 조정한다.

❸ [축 옵션]에서 [최소값]을 800, [최대값]을 1200으로 설정한다.

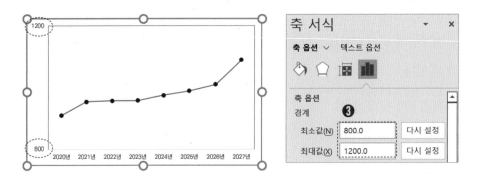

이 차트는 세로축에 최솟값(800)과 최댓값(1200)만 표시돼 선 또는 점이 어느 값인지 가늠하기 어렵다. 이때는 눈금선을 만들어주자. 눈금선은 [축 옵션]의 [기본]에서 높이를 입력한다. 차트 안에 표시되는 눈금선은 3~4개 정도가 적당하다. 앞서 설정한 축 옵션에서 최댓값에서 최솟값을 뺀 결괏값을 3~5 사이로 나눠서 딱 떨어지는 정수를 활용한다. 다음 차트는 최댓값(1200)과 최솟값(800)을 뺀 값(400)을 구하고 이를 4로 나눈 값인 100을 [기본]에 입력했다. 따라서 눈금의 총 개수는 네 개다.

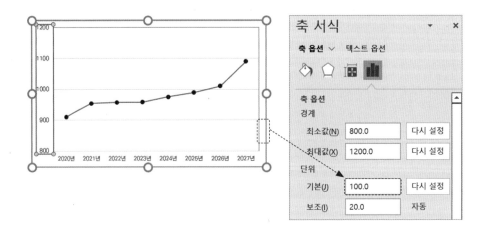

선 굵기로
메시지를 강조하자

선 차트에서 선의 굵기는 매우 중요하다. 선이 너무 굵으면 디테일한 표현이 어렵고, 너무 얇으면 배경과 눈금선에 묻혀서 자세한 추세를 식별하기 어렵다. 다음의 왼쪽 차트는 선 굵기가 두꺼워 선의 굴곡이 잘 보이지 않아서 변화를 파악하기 어렵다. 반면 오른쪽 차트는 왼쪽 차트의 선 굵기를 얇게 조절한 것으로, 선의 굴곡을 세밀하게 확인할 수 있다.

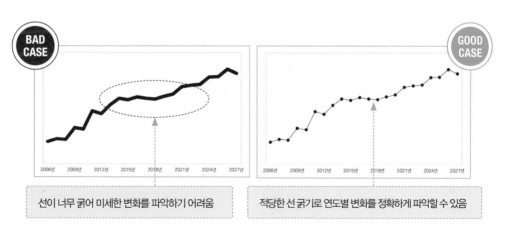

선이 너무 굵어 미세한 변화를 파악하기 어려움

적당한 선 굵기로 연도별 변화를 정확하게 파악할 수 있음

선의 굵기는 특정한 선을 강조할 때도 사용한다. 차트 안에 선이 많으면 내가 설명하고자 하는 선을 찾기 쉽지 않다. 다음의 왼쪽 차트를 보면 동일한 선이 여섯 개가 있어서 어느 선이 어떤 항목을 나타나는지 확인하기 어렵다.

범례를 이용하더라도 선을 구별하기 어려운 것은 마찬가지다. 차트에 여러 개의 선이 있어도 보는 사람이 관심 있게 보는 선은 한두 개 정도다. 나머지 선은 강조되는 선에 비해 보조적인 역할이다. 오른쪽 차트처럼 강조하고 싶은 선만 굵기를 조절하자.

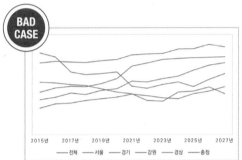
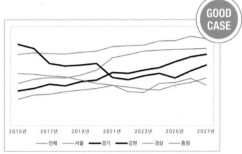

계속 강조하지만, 차트는 데이터를 있는 사실을 그대로 보여주기 위해 만드는 것이 아니다. 사실을 기반으로 작성자의 메시지를 잘 전달하기 위해 만든다. 따라서 내가 전달하고 싶은 메시지의 근거가 되는 선이 있다면 강조해주자.

선 색상으로
메시지를 강조하자

보고서를 작성할 때 강조하고 싶은 문장에 다른 색상을 사용하듯 색상으로 중요한 선을 강조할 수 있다. 다음 왼쪽 차트를 보자. 실선, 점선, 쇄선으로 선 유형이 서로 다르다. 이렇게 해도 선을 구별할 수 있다. 하지만 이 중 어느 선이 중요한지는 바로 구별하기 어렵다. 반면 오른쪽 차트는 특정 선의 색상을 빨간색으로 설정해 중요도를 쉽게 알아차릴 수 있도록 했다.

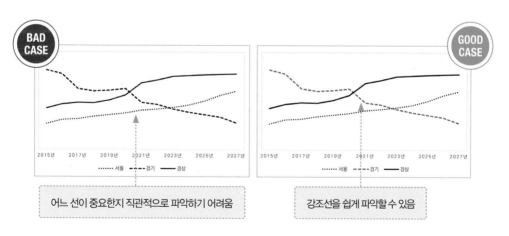

반대로 색상을 너무 많이 사용하면 오히려 차트를 읽는 데 혼동을 준다. 선마다 다른 색상을 사용한 왼쪽 차트는 같은 색상을 사용했을 때보다 더 보기 어렵고 혼란스럽다.

오른쪽 차트는 왼쪽보다 비교적 구별하기 쉽다. 중요한 선은 강조 색상(녹색, 빨간색, 파란색)을 사용했고 남은 선은 하나의 기준색(회색)을 사용했다. 이처럼 한 차트에 기준색을 포함해 네 개 이하의 색상을 사용하는 것이 좋다.

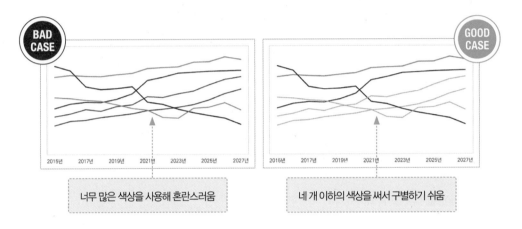

너무 많은 색상을 사용해 혼란스러움

네 개 이하의 색상을 써서 구별하기 쉬움

선 유형으로
디테일을 표현하자

선 차트는 기본적으로 실선을 사용하지만, 선은 실선 외에도 점선, 파선(쇄선) 등 여러 가지 유형이 있다. 도면을 다루는 실무 현장에서는 선을 형태에 따라 각각 다른 용도로 사용하지만, 일반적인 직장 환경에서 보고서를 작성할 때는 비교하거나 구분하는 용도로 사용한다.

다음 차트를 보자. 2018년부터 2027년까지 표시된 데이터는 모두 매출액을 의미한다. 하지만 2018년부터 2022년의 매출액은 실측치이고, 2023년부터 2027년의 매출액은 예측치로 데이터의 성격이 다르다.

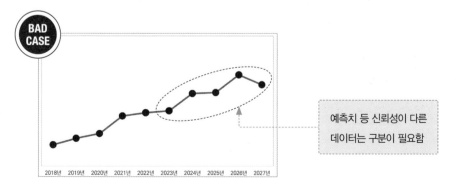

실측치는 실적에 기반하므로 정확한 데이터이지만, 예측치는 말 그대로 미래의 예상 실적을 나타낸 데이터이므로 정확성이 떨어진다. 즉, 실측치와 예측치는 각각 가지고 있는 신뢰성이 다르다. 이를 하나의 실선으로 표현하면 마치 같은 신뢰성을 가진 듯한 오해를 불러일으킬 수 있다. 이때 선 유형을 다르게 하면 손쉽게 구분해서 표현할 수 있다. 다음 차트처럼 실측치는 실선, 예측치는 점선으로 표현하는 것이 좋다.

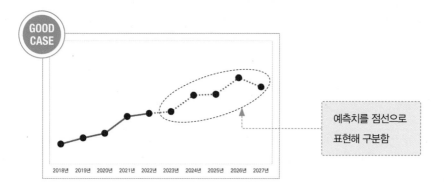

선 유형으로 표현할 때 주의할 점은 색상이다. 유형도 다른데 색상도 서로 다르면 눈에 피로감을 주고 구분도 어려워진다.

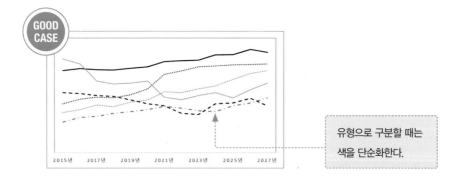

선 차트 [실습] 선 유형 바꾸기

예제 파일 PART01₩선차트02_선유형바꾸기.xlsx

엑셀에서 선 차트를 만들면 기본적으로 실선인 상태로 생성된다. 선의 유형을 점선, 파선(쇄선) 등으로 변경하는 방법을 알아보자.

❶ 예제 파일을 불러오고 유형을 바꿀 선을 선택한다. ❷ 마우스 오른쪽 버튼을 클릭해 [데이터 계열 서식]을 선택한다.

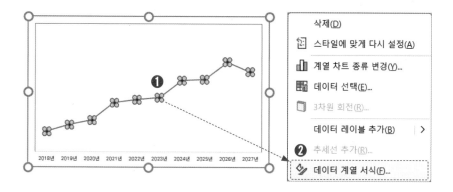

❸ 화면 옆에 [데이터 계열 서식] 작업 창이 나타나면 [채우기 및 선]-[선]-[대시 종류]에서 원하는 선의 유형을 선택한다. 이 방법은 ❶에서 선택한 선의 유형을 모두 바꾼다.

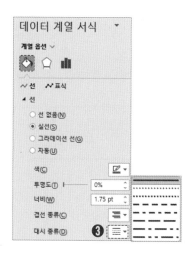

이번에는 특정 구간, 2022년부터 2027년까지의 선만 점선으로 바꿔보자.

❶ 유형을 바꾸려는 선에서 오른쪽에 위치한 점을 더블클릭하면 점만 선택된다. ❷ 마우스 오른쪽 버튼을 클릭해 [데이터 요소 서식]을 선택한다.

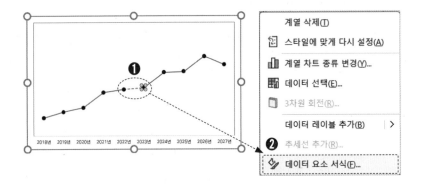

❸ 화면 옆에 [데이터 요소 서식] 작업 창이 나타난다. [채우기 및 선]−[선]−[대시 종류]를 점선으로 바꾸면 선택한 점의 왼쪽 선만 점선으로 바뀐다. 바꾸고 싶은 구간이 있을 때 해당 선 오른쪽에 위치한 점을 선택한 후 유형을 바꾸면 된다.

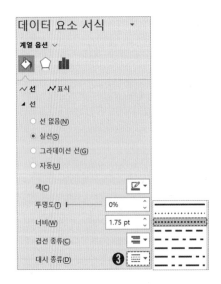

데이터를 뽑아서
보여주자

선 차트는 선으로 데이터를 비교하기 위한 차트이다. 하지만 비교할 선의 개수가 많
으면 어떨까? 다음 왼쪽 차트는 여섯 개의 선으로 표시돼 선끼리 구분하기 어렵다. 작
은 공간에 너무 많은 데이터를 담았기 때문이다. 오른쪽 차트는 중요한 선 네 개만 표
시해 비교하기 쉽다.

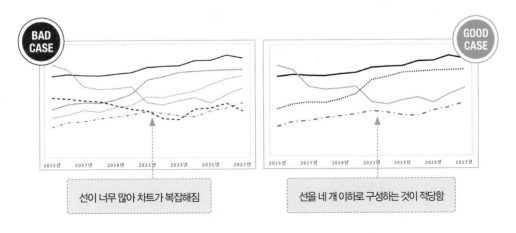

선 차트에서는 네 개 이하의 선을 사용하는 것이 적당하다. 차트의 목적은 서로 다른 데이터를 쉽게 비교하기 위한 것이다. 선의 개수가 많아 데이터를 비교하기 어렵다면 올바른 차트라고 할 수 없다. 만약 차트에 표시할 선이 다섯 개 이상이라면 불필요한 선을 없애거나 아예 차트를 분리하는 것이 더 좋다.

앞서 살펴본 차트는 연도를 X축으로 설정해 2015년부터 2027년까지 총 13개 연도의 많은 데이터를 표시하고 있다. 각 연도별로 기울기 변화를 파악하는 데는 좋으나 특정 연도끼리 비교하기는 쉽지 않다.

차트를 보는 사람은 요약을 원한다는 점을 기억해야 한다. 예를 들어 5년 전(2018년), 기준 연도(2022년), 5년 후(2027년)의 추세를 보고 싶어 한다면 다음 왼쪽 차트처럼 특정 연도만 뽑아내어 작성하는 것이 좋다. 과거, 현재, 미래의 세 개 시점만 표시해 차트를 단순하게 만들어서 관심 있는 연도만 보여주는 것이다. 오른쪽 차트처럼 두 개 시점만 보여줄 수도 있다. 차트는 항상 차트를 보는 사람의 입장에서 작성해야 한다는 점을 명심하자.

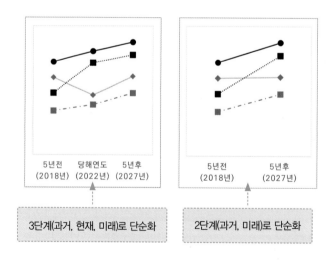

차트에 표식을 변경하려면 바꾸고 싶은 점을 선택하고, 마우스 오른쪽 버튼을 클릭해 [데이터 요소 서식]을 선택한다. [데이터 요소 서식] 작업 창이 나타나면 [채우기 및 선]-[표식]을 선택하고 [형식]에서 도형을 선택하면 된다.

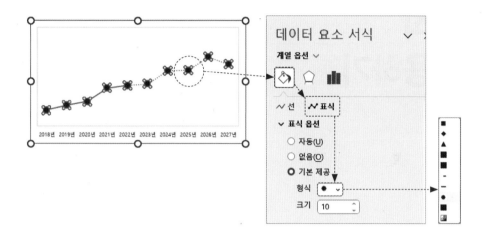

표식
활용하기

선 차트에서 선은 데이터가 표시된 위치를 서로 연결해 추세나 기울기를 보여준다.
즉, 선은 실제 데이터가 있는 위치가 아니다. 실제 데이터의 위치를 알려주는 것은 바
로 표식이다. 선 차트에서는 표식을 활용해야만 정확한 데이터값을 알 수 있다. 표식
을 사용할 때는 표식을 선보다 두껍게 표현하거나 다른 색상, 형태를 사용해서 보는
사람이 표식의 위치를 쉽게 확인할 수 있도록 한다. 표식은 데이터의 정확한 위치를
알려주면서 추세가 변화하는 지점도 알려준다.

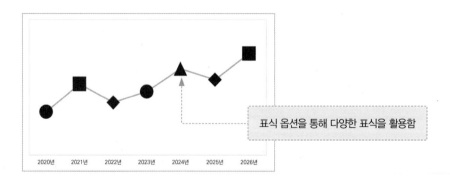

따라서 표식을 통해 강조하고 싶은 메시지를 담아낼 수도 있다. 다음 차트를 보자. 2026년도 데이터 표식에 '100억 원 달성'이라는 목표가 담긴 작성자의 의지를 담을 수도 있다. 이렇게 하면 주장하고 싶은 메시지를 따로 설명하지 않아도 된다.

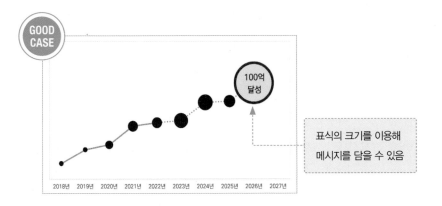

이미지는 텍스트보다 전달력이 높다. PT 발표를 해본 사람이라면 우스꽝스러운 사진한 장이 열 마디 문장보다 아이스 브레이킹에 더 효과적이라는 것을 안다. 표식에 이미지를 넣는다면 의미 전달력을 높일 수 있다. 다음 차트는 표식에 동물을 나타내는 이미지를 넣었다. 이렇게 하면 동물 관련 차트라는 것을 알리기 쉽다.

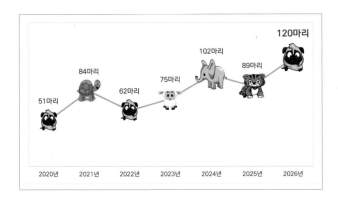

만약 차트의 목적이 정확한 값을 보여주는 것이 아니라 추세나 기울기를 보여주는 것이라면 표식을 따로 활용하지 않아도 된다.

선 차트 [실습] 표식 변경하기

예제 파일 PART01\선차트03_표식변경하기.xlsx

엑셀에서 표식에 이미지를 넣으려면 표식 채우기를 활용해야 한다.

❶ 예제 파일을 불러오고 바꾸고 싶은 점(표식)을 선택한다. ❷ 마우스 오른쪽 버튼을 클릭해 [데이터 요소 서식]을 선택한다. [데이터 요소 서식] 작업 창이 나타나면 [채우기 및 선]-[표식]-[채우기]-[그림 또는 질감 채우기]를 선택한다.

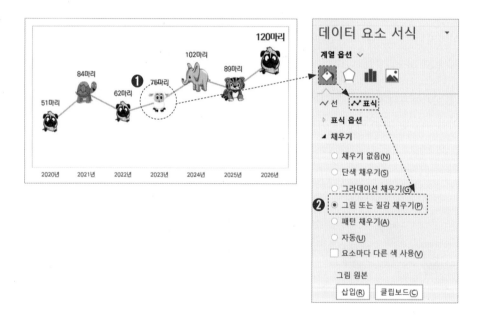

[그림 또는 질감 채우기]를 선택하면 [그림 원본]에 [삽입]이 활성화된다. ❸ [삽입]을 클릭하고 ❹ [그림 삽입] 대화상자에서 [파일에서]를 클릭한다. ❺ [파일 삽입] 대화 상자가 나타나면 원하는 폴더에서 원하는 이미지를 선택해 해당 이미지를 표식에 적용한다.

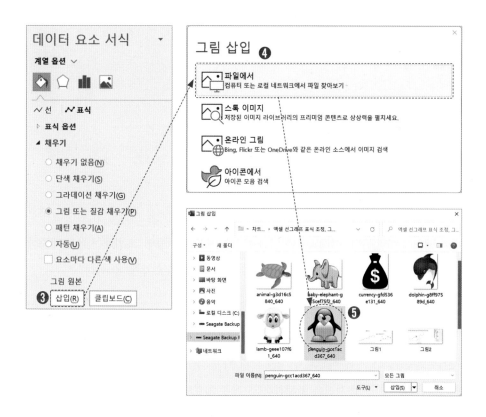

범례
배치하기

선 차트에서는 선의 종류가 두 개 이상일 때 일반적으로 범례를 사용한다. 범례는 아무데나 배치하면 안 된다. 범례와 데이터를 번갈아 보도록 만들면 그 범례는 잘못 배치한 것이다. 구분하기 좋게 범례를 추가해도 자칫하면 방해 요소가 될 수 있다.

선 차트는 시간의 흐름이 왼쪽에서 오른쪽으로 흐른다. 즉, 왼쪽이 과거이고 오른쪽이 미래이다. 다음 왼쪽 차트는 범례를 왼쪽 상단에 배치했다. 보는 사람의 시선(눈)은 왼쪽에서 오른쪽으로 이동하므로 범례를 찾기 위해 자주 왼쪽을 돌아봐야 한다. 이렇게 배치하면 보는 사람의 시선을 방해한다. 오른쪽 차트와 같이 범례를 오른쪽에 배치해 보는 사람의 시선이 이동하는 방향과 일치하게 만들어야 한다. 그래야 차트의 내용을 해석하는 데 집중할 수 있다.

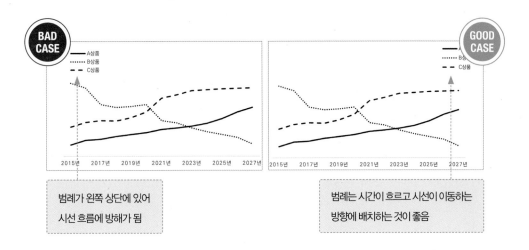

범례가 왼쪽 상단에 있어
시선 흐름에 방해가 됨

범례는 시간이 흐르고 시선이 이동하는
방향에 배치하는 것이 좋음

다음 왼쪽 차트처럼 범례를 아래쪽에 배치하는 경우가 많다. 이 경우가 잘못된 배치라고 말하기는 어렵다. 범례에 표시해야 하는 항목 수가 적다면 아래쪽에 배치하는 것도 좋다. 하지만 그보다 좋은 방법은 오른쪽 차트처럼 선 오른쪽에 범례를 달아주는 것이다. 엑셀에서 선 옆에 범례를 표시하려면 텍스트 상자를 이용해야 한다. 조금은 귀찮더라도 보는 사람은 좀 더 쉽게 선을 구분할 수 있다.

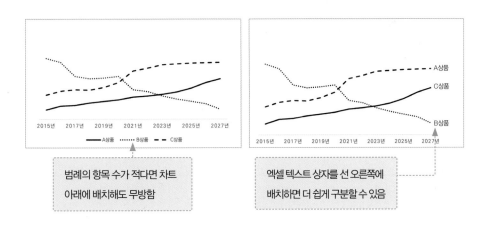

범례의 항목 수가 적다면 차트
아래에 배치해도 무방함

엑셀 텍스트 상자를 선 오른쪽에
배치하면 더 쉽게 구분할 수 있음

선 차트 [실습] 텍스트 상자 활용하기

예제 파일 PART01₩선차트04_텍스트상자로범례표시하기.xlsx

엑셀에서 선 바로 옆에 범례를 표시하기 위해서는 텍스트 상자를 활용한 별도 작업이 필요하다.

❶ 예제 파일을 불러오고 엑셀 메뉴에서 [삽입] 탭–[텍스트] 그룹–[텍스트 상자]를 클릭한다. ❷ 차트의 선 바로 옆을 클릭해 텍스트를 직접 입력한다.

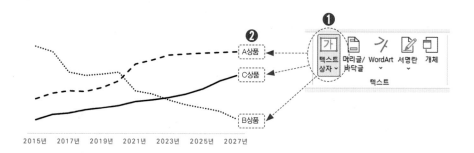

이상치는
부가 설명을 달자

실무에서 선 차트를 작성하다 보면 선이 급격하게 올라가거나 떨어지는 모습이 나타나는 경우가 있다. 이런 현상은 데이터 내부나 외부의 영향으로 나타난다.

예를 들어보자. 다음 차트는 여행 업체의 매출액을 나타낸 차트이다. 차트를 보면 2021년도에서 선이 아래로 급락했다. 누구나 이 차트를 보면 왜 이런 이상 현상이 생겼는지 궁금해할 것이다.

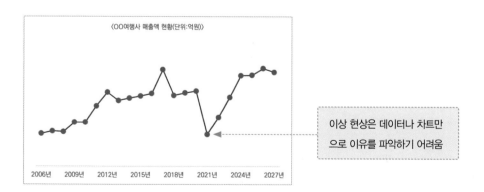

〈OO여행사 매출액 현황(단위:억원)〉

이상 현상은 데이터나 차트만으로 이유를 파악하기 어려움

2021년에는 코로나19 팬데믹의 영향으로 해외여행이 어려워지면서 여행 업체의 매출액이 급락했다. 차트는 데이터만 표시되기 때문에 매출액이 급격히 변화하는 이유를 설명해주지 않는다. 이때는 다음 차트처럼 이상 현상이 발생한 지점에 설명을 달아주자.

설명을 너무 장황하게 달아서는 안 된다. 간단명료하게 설명해야 차트를 읽을 때 방해되지 않는다. 다음 차트처럼 설명이 너무 많아 선을 가리면 안 된다. 선 차트에서는 선이 주인공이고 설명은 조연일 뿐이다.

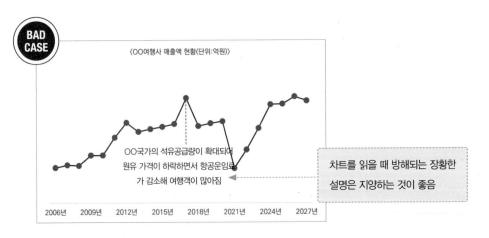

차트 문제 풀이

다음은 잘못된 예시이다. 아래 실습 문제를 통해 더 효과적으로 보이도록 수정해보자.

실습 1. 많은 선 중 주요한 세 가지(서울, 강원도, 충청도)만 표시하기

실습 2. 선 색상과 유형을 이용해 효과적으로 구분하기

실습 3. 이상치에 부가 설명 달아주기

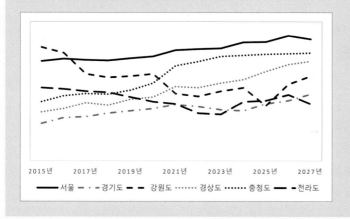

HINT

- 나타낼 선이 많을 때는 특정 데이터만 뽑아서 보여줘야 한다.
  ———————— 선 차트 05(069쪽)
- 선의 색상, 유형을 다르게 하면 효과적으로 선을 구분할 수 있다.
  ———————— 선 차트 03(063쪽), 선 차트 04(065쪽)
- 이상치는 텍스트 상자를 이용해 부가 설명을 달아주면 의미 파악이 수월하다.
  ———————— 선 차트 08(079쪽)

차트 문제 풀이

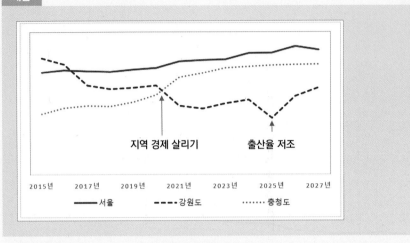

해설

- 표시할 선이 많으면 선끼리 구분하기 어렵기 때문에 중요한 선(세 개)을 제외하고 나머지 선은 없애는 것이 좋다.
- 개별 선을 선택해 [데이터 계열 서식]에서 색상, 굵기, 유형을 바꿔주자.
- 선을 보고 차트를 보는 사람이 궁금해할 내용이나 이상치는 텍스트 상자를 이용해 설명을 달아주자.

차트 보고서 핵심 요약

1. 선 차트는 선을 통해 데이터를 구분할 수 있어야 한다.

▶ 보고서를 작성할 때 강조하고 싶은 문장에 다른 색상을 사용하듯 색상으로 중요한 선을 강조할 수 있다.

▶ 선의 굵기, 유형, 표식을 이용하면 더 효과적으로 선을 구분할 수 있다.

2. 한 번에 많은 선을 보여주기보다 중요한 데이터만 뽑아서 보여주자.

▶ 선의 개수가 많아 데이터를 비교하기 어렵다면 좋은 차트라고 할 수 없다.

▶ 하나의 선 차트에는 네 개 이하의 선을 사용하는 것이 적당하다.

3. 범례는 자칫하면 시선을 방해하는 요소가 될 수 있다.

▶ 별도의 범례를 사용하는 것보다는 선 오른쪽 옆에 항목명을 기입해주는 것이 효과적이다.

4. 선이 급격하게 올라가거나 떨어질 때는 부가 설명을 달아줘야 한다.

▶ 선이 변화하는 이유를 설명해줘야 보는 사람이 이상 현상을 쉽게 이해할 수 있다.

CHAPTER

02

세로 막대 차트의
기술

올바른 축 설정하기

세로 막대 차트에서는 막대의 높이로 데이터를 표시한다. 이때 기준선은 축의 시작점이면서 축의 기준이 된다. 기준은 0에서 시작하는 것이 원칙이다. 다음 왼쪽 차트는 가장 기본적인 세로 막대 차트로 축의 기준선을 0부터 시작했다. 오른쪽 차트처럼 데이터에 음수가 있더라도 기준선은 0이 된다.

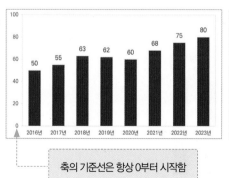

축의 기준선은 항상 0부터 시작함

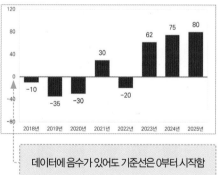

데이터에 음수가 있어도 기준선은 0부터 시작함

이처럼 기준선은 원칙적으로는 0부터 시작해야 하지만 실무에서는 기준선 때문에 애먹는 경우가 종종 있다. 다음 차트를 보자. 연도별로 수치가 모두 크고, 데이터 간의 차이가 적어서 막대의 변화를 파악하기 힘들다. 기준선이 0부터 시작하다 보니 막대 간의 차이를 비교하기 어렵다.

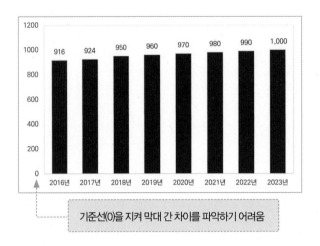

이럴 때 다음 차트처럼 기준선을 0에서 800으로 바꾸면 앞의 차트보다 막대의 높고 낮음을 비교하기 쉬워진다.

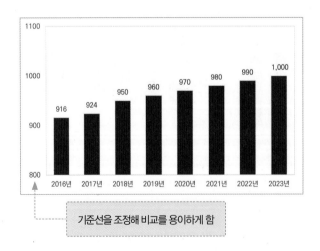

그러나 막대 간 크기를 비교하기는 쉽지만 사실을 전달하는 측면에서 보면 오해의 소지가 있다. 기준선을 높이면 상대적으로 차이가 커 보이기 때문이다. 이럴 때는 다음 차트처럼 Y축의 값 표시를 없애자.

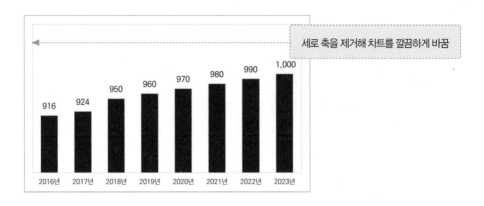

세로 축을 제거해 차트를 깔끔하게 바꿈

세로 막대 차트 [실습] 축 표시 없애기

막대 차트에서 세로축(Y축)의 값을 없애는 방법은 두 가지가 있다. 첫 번째는 ❶ Y축을 선택하고 Del 를 누르거나, 마우스 오른쪽 버튼을 클릭해 [삭제]를 선택한다.

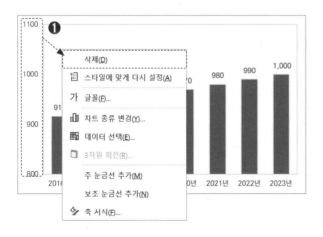

다음으로는 ❷ 차트를 선택하면 보이는 오른쪽 상단의 田를 클릭해 [축]에서 [기본 세로]를 선택한다. 참고로 엑셀에서는 Y축을 세로축이라고 부르고 있다.

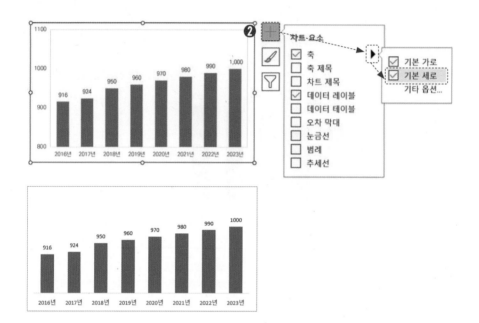

막대에
시선이 가도록 하라

막대 차트는 막대를 보라고 만든 차트이다. 그러니 보는 사람이 차트를 보자마자 막
대에 시선이 가야 한다. 다음 차트를 보자. 차트를 보자마자 막대가 눈이 들어오는가?
아니면 막대 사이의 간격(공백)이 눈이 들어오는가? 대부분 막대보다는 막대 간격이
눈이 들어올 것이다. 왜 그럴까? 답은 막대 간격이 막대 두께보다 넓기 때문이다. 반
대로 말하면 막대의 두께가 너무 얇기 때문이다.

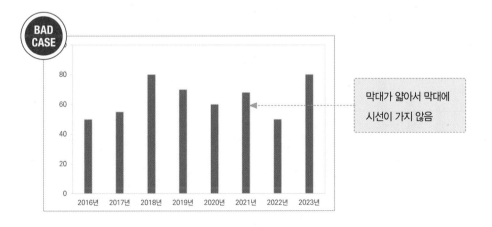

이처럼 막대의 두께가 얇으면 시선이 막대 사이로 간다. 반면 다음 차트는 어떤가? 막대에 시선이 가는가? 이렇게 막대의 두께는 막대 간격보다 두껍게 해야 한다. 그래야 보는 사람이 막대에만 집중할 수 있다.

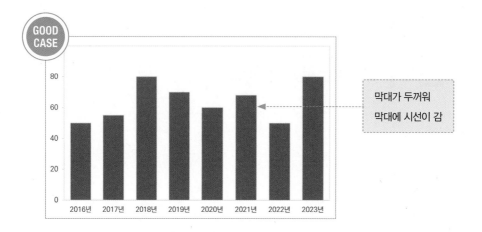

막대가 두꺼워
막대에 시선이 감

세로 막대 차트 [실습] 막대 두께 조정하기

막대 차트에서 막대의 두께는 [간격 너비]로 조정해야 한다. ❶ 막대를 선택하고 마우스 오른쪽 버튼을 클릭해 [데이터 계열 서식]을 선택한다.

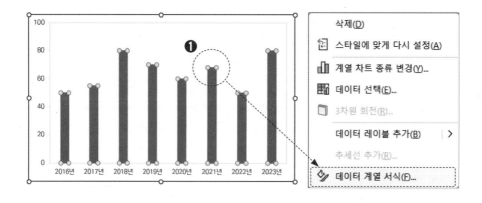

그런 다음 ❷ [계열 옵션]-[간격 너비]에서 숫자를 조정한다. 간격 너비를 작게 하면 (100% 이내) 막대 두께가 커지고, 크게 하면(100% 이상) 막대 두께가 작아진다.

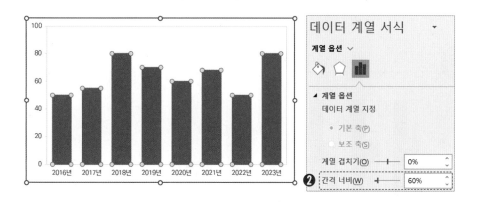

막대 차트를 작성하다 보면 다중 막대를 이용할 때가 있다. 다음 사례를 보자. 연도별로 매출액과 영업이익이 하나의 그룹처럼 보여야 하는데 개별적인 막대처럼 보인다. 보는 사람은 매출액과 영업이익을 하나의 그룹으로 묶어서 해석할 수 없고, 두 개 막대의 짝을 맞춰가면서 차트를 봐야 하는 번거로움이 생긴다. 이는 막대의 간격과 그룹의 간격이 동일하기 때문에 생기는 문제다.

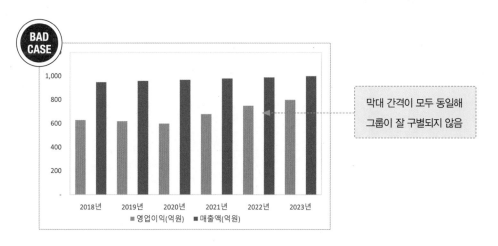

막대 간격이 모두 동일해 그룹이 잘 구별되지 않음

다음 차트는 어떤가? 같은 연도의 매출액과 영업이익을 나타내는 막대가 같이 있어 하나의 그룹처럼 보이지 않는가? 이렇게 해야만 보는 사람은 두 개의 막대가 주는 정보를 같이 해석할 수 있다.

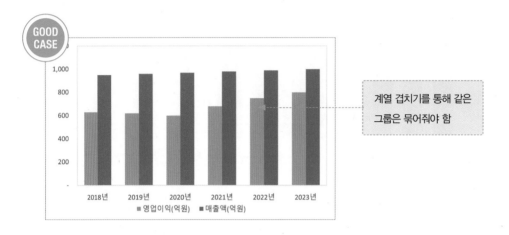

계열 겹치기를 통해 같은 그룹은 묶어줘야 함

세로 막대 차트 [실습] 그룹 묶어주기

다중 막대를 하나의 그룹처럼 보여주려면 [계열 겹치기]를 이용해야 한다. ❶ 막대를 선택하고 마우스 오른쪽 버튼을 클릭해 [데이터 계열 서식]을 선택한다.

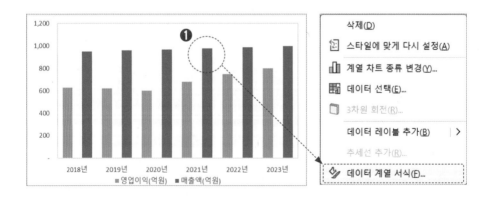

❷ [데이터 계열 서식] 작업 창에서 [계열 옵션]−[계열 겹치기]에서 숫자를 조정한다. [계열 겹치기]가 **0%**라는 것은 막대 두께의 1배를 그룹 간격으로 설정했다는 의미이다.

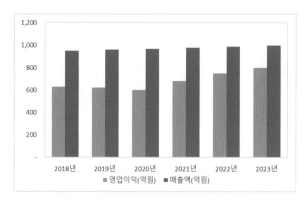 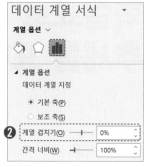

계열 겹치기를 0%면 그룹 내 막대가 딱 붙게 되고, 음수(−)면 막대가 떨어지고, 양수(+)면 막대가 겹친다.

화살표로
추세를 표현하자

세로 막대 차트는 막대의 높이로 설명하는 차트이다. 종종 막대가 갑자기 높아지거나 낮아지는 경우가 있다. 이때 보는 사람은 의문이 생겨 온전히 차트에 집중할 수 없다. 이럴 때는 이유를 설명해주어 보는 사람이 차트에만 집중할 수 있도록 해야 한다.

다음 차트 중 왼쪽을 보자. 차트에 '원자재가격 하락'이라는 간단한 설명을 넣고 "원자재가격이 하락해 2017년 대비 2018년에 매출액이 급격하게 증가했습니다."라고 말해주면 보는 사람은 차트를 보는 데 집중할 수 있다. 오른쪽 차트와 같이 화살표를 이용해 추세를 보여주는 것도 좋다. 글보다는 화살표(선)와 같은 시각적인 요소에 더 시선이 간다. 증가는 ╱, 감소는 ╲, 유지는 → 화살표로 간단히 표현해준다.

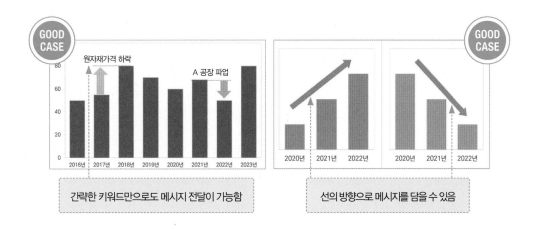

막대 차트는 막대가 커지고, 작아지는 모습으로 추세를 보여준다. 하지만 차트에 막대만 존재한다면 보는 사람은 정확히 얼마씩 증가하는가에 궁금증이 생긴다. 특히 매출액과 같이 중요한 의사결정을 위한 차트라면 더욱 그렇다. 이럴 때 자주 사용하는 방법은 증가율을 같이 보여주는 것이다. 처음 막대의 값과 마지막 막대의 값을 가지고 성장률을 계산해 〈차트 A〉와 같이 도형을 막대 위에 넣는다.

〈차트 A〉

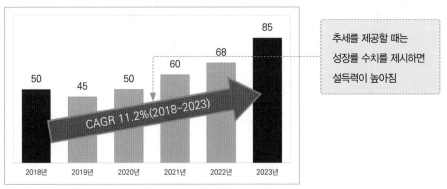

세로 막대 차트 [실습] 성장률(CAGR) 표시하기

차트에서 추세를 보여주기 위한 화살표는 '증가하고 있다', '감소하고 있다', '유지되고 있다'라는 느낌만 준다. 보는 사람은 정확한 수치를 원하는 경우가 많은데 이럴 때는 수치를 성장률로 나타내는 것이 좋다.

성장률 중에서 직장인들이 많이 애용하는 것으로 '연평균복합성장률'이라고 불리는 CAGR(Compound Annual Growth Rate)이 있다. CAGR은 다년도의 변화를 파악하기 위해 시작 시점과 종료 시점 간 성장률을 기하 평균한 것으로, 갑자기 매출액이 커지거나 떨어져서 생기는 데이터의 오류를 방지할 수 있는 장점이 있다.

CAGR의 계산식은 다음과 같다.

$$\text{CAGR} = \left(\frac{\text{마지막 연도값}}{\text{시작 연도값}} \right)^{\left(\frac{1}{\text{연도수}} \right)} - 1$$

CAGR 계산식을 이용해 다음 차트에서 2018년부터 2023년까지의 CAGR을 계산할 수 있다.

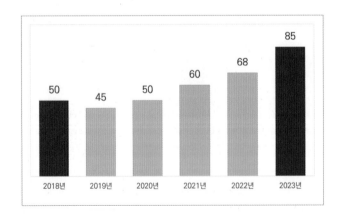

계산 결과 CAGR이 11.2%로 나왔다.

$$CAGR = \left(\frac{\text{마지막 연도값}}{\text{시작 연도값}} \right)^{\left(\frac{1}{\text{연도수}} \right)} - 1 = \left(\frac{85}{50} \right)^{\left(\frac{1}{5} \right)} - 1 = 11.2\%$$

이렇게 계산된 CAGR를 화살표에 넣는다. 이때 CAGR를 계산할 때 적용한 기간(2018년~2023년)을 같이 표시해준다.

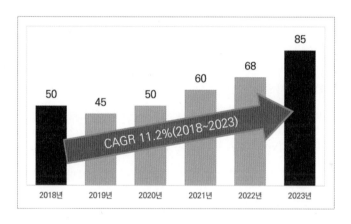

실제값과 예측값은
구분해주자

실제값과 예측값은 구분해서 표시해줘야 한다. 다음 차트 중 왼쪽을 보면 어느 막대가 실제값인지, 예측값인지 구분되지 않는다. 물론 X축을 보면 2023년부터 예측값이라는 것은 유추할 수 있다. 하지만 막대 차트는 막대를 보고 모든 정보를 파악할 수 있어야 한다. 보는 사람이 X축의 연도를 보고 유추해야 한다면 그런 차트는 표와 다를 것이 없다.

실제값과 예측값을 구분하는 가장 쉬운 방법은 막대 패턴을 다르게 하는 것이다. 오른쪽 차트와 같이 패턴을 이용하거나 색상을 이용하는 것이 좋다. 사선으로 된 패턴은 주의해서 보라는 느낌을 준다. 예측값은 확실한 숫자가 아니니 유의해서 봐야 한다는 것을 암시해줄 필요가 있다.

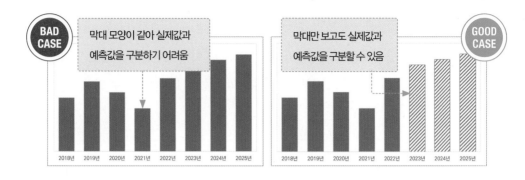

막대 차트를 그릴 때 자주 범하는 실수는 막대에 그림자(음영)를 입히거나 3차원 효과를 주는 것이다. 다음의 왼쪽 차트처럼 그림자(음영)를 준다면 막대값이 막대의 끝부분인지, 그림자의 끝부분인지 헷갈린다. 또한 오른쪽 차트처럼 화려한 3차원 효과를 주는 것도 마찬가지다. 3차원 효과는 작성자에게는 시간 낭비를, 보는 사람에게는 눈의 피로감을 준다. 따라서 막대 차트를 작성할 때는 음영이나 3차원 효과를 주는 것은 피하자.

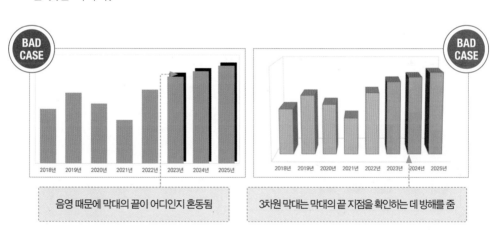

세로 막대 차트 [실습] 막대 패턴 넣기

차트에서 막대를 클릭하면 모든 막대가 다 선택되는데 이때 패턴을 넣고 싶은 막대만 1회 더 클릭한다. 즉, 마우스로 더블클릭해야만 막대를 하나씩 선택할 수 있다.

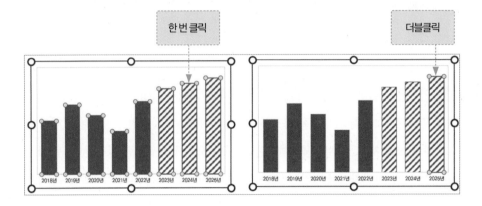

❶ 패턴을 넣을 막대를 선택했으면 마우스 오른쪽 버튼을 클릭해 [데이터 계열 서식]을 선택하고 ❷ [채우기] 옵션 중에서 [패턴 채우기]를 선택해 원하는 패턴을 넣는다.

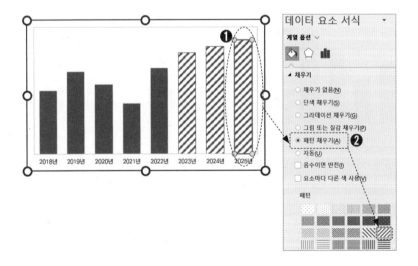

패턴과 색상을
활용하자

막대를 강조하기 위해 패턴과 색상을 자주 사용한다. 그렇지만 차트에 너무 많은 색상
을 사용하지 말아야 한다. 다음 차트 중 왼쪽을 보면 연도를 구분하기 위해 여섯 개의
막대에 모두 다른 색상을 사용했다. 눈이 아프지 않은가? 색상은 차트를 잘 보기 위해
도와주는 역할이어야 하는데 알록달록한 색상으로 차트를 보기 싫게 만들었다. 오른
쪽 차트는 어떤가? 하나의 색상을 사용했지만 많은 패턴을 사용해 어수선하다. 강조
하거나 비교를 위해 색상과 패턴을 사용하더라도 최소화해야 한다.

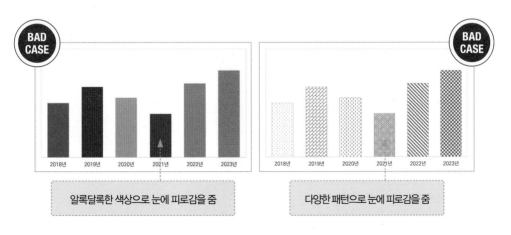

다음 〈차트 A〉는 가장 높은 막대를 강조하기 위해 2023년 막대에만 파란색을 넣었다.
기준이 되는 회색과 강조하는 색상인 파란색, 이렇게 두 가지 색만 사용했다.

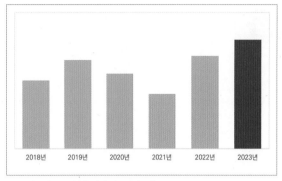

〈차트 A〉

▲ 중요한 막대만 색상을 넣어주는 것이 좋음

일반적으로 감소(손실)나 음수는 빨간색, 증가(손익)나 양수는 파란색을 사용한다.

다음 〈차트 B〉는 가장 높은 막대에 파란색, 가장 낮은 막대에 빨간색, 기준이 되는 회색, 이렇게 세 가지 색을 사용했다. 이처럼 하나의 차트에는 색상을 세 가지 이하로 사용하는 것이 좋다. 차트를 작성하다가 색상이나 패턴을 사용하고 싶다면 신중하게 고민해보고 사용하자.

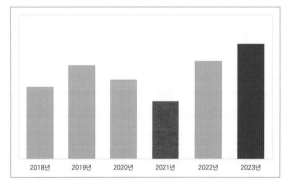

〈차트 B〉

▲ 한 차트에 색상은 세 개 이하여야 함

이미지를
활용하자

뉴스나 발표 자료를 보면 이미지를 이용한 차트가 꼭 등장한다. 차트에 이미지(이모티콘, 클립아트, 사진 등)를 넣는 이유는 장황한 말이나 글보다 이미지가 작성자의 메시지를 전달하는 데 더욱 효과적이기 때문이다.

예를 들어보자. '국내 호랑이 개체 수'를 세로 막대 차트로 작성한다고 가정했을 때, 〈차트 A〉처럼 작성하면 제목을 보지 않고는 막대의 숫자들이 호랑이 개체 수를 나타내는지 알기 어렵다.

〈차트 A〉

▲ 제목을 봐야만 막대의 의미를 알 수 있음

반면 이미지를 활용한 〈차트 B〉를 보자. 제목을 보지 않고도 막대의 숫자가 호랑이 개체 수를 의미함을 금방 알 수 있다.

〈차트 B〉

▲ 제목을 보지 않고도 이미지로 의미를 알 수 있음

이미지를 이용한 차트를 더 살펴보자. 이번에는 막대 자체를 이미지로 만드는 것이다. 다음은 성별에 따른 만족도를 나타낸 차트이다. 네모난 막대 대신 남성, 여성을 상징하는 픽토그램 이미지를 활용했다. 만족도 값에 따라 이미지에 색이 채워진다.

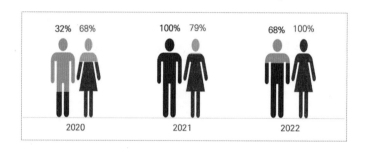

픽토그램을 이용할 때는 차트 내용에 맞는 이미지를 사용해야 한다. 이미지가 차트에 대한 이해를 방해한다면 사용하지 않는 것이 낫다. 이런 차트를 효과적으로 만들기 위해 적합한 이미지를 찾기 위한 시간과 노력이 필요하다. 픽토그램은 발표 자료를 만들 때 사용하는 것을 추천한다.

세로 막대 차트 [실습] 막대에 그림 넣기

우선, 막대를 선택하고 마우스 오른쪽 버튼을 클릭한 후 [데이터 계열 서식]을 선택한다. [데이터 계열 서식] 작업 창의 [채우기 및 선]−[채우기]에서 [그림 또는 질감 채우기]를 선택하고 [삽입]을 클릭해 그림을 넣는다.

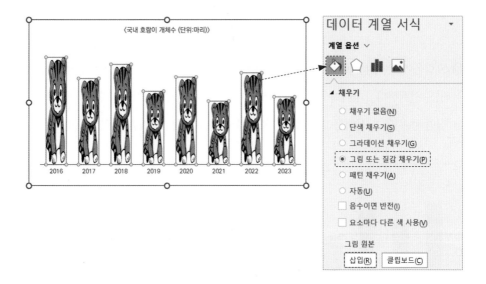

하지만 이 방법은 막대 크기에 이미지를 맞추기 때문에 위 차트처럼 그림이 찌그러진다. 그림이 깔끔하게 나오게 하려면 중간 작업이 필요하다.

❶ 원본 데이터를 가지고 그림을 넣을 부분과 기둥(막대)이 될 부분을 나눠줘야 한다. 이때 중요한 점은 그림을 넣는 부분은 크기를 동일하게 하고, 그림 크기만큼을 **뺀** 나머지 기둥 부분을 만들어야 한다는 것이다. 이렇게 가공한 데이터로 누적 세로 막대형 차트를 만들어준다.

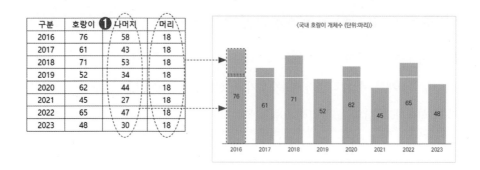

구분	호랑이 ❶	나머지	머리
2016	76	58	18
2017	61	43	18
2018	71	53	18
2019	52	34	18
2020	62	44	18
2021	45	27	18
2022	65	47	18
2023	48	30	18

❷ 그림을 넣은 부분(빨간색)을 선택하고 마우스 오른쪽 버튼을 클릭해 [데이터 계열 서식]을 선택한다. [데이터 계열 서식] 작업 창에서 [채우기 및 선]-[채우기]-[그림 또는 질감 채우기]를 선택하고 [삽입]을 클릭한 다음, 원하는 그림을 삽입한다.

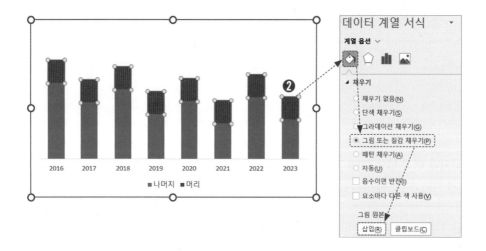

세로 막대 차트 [실습] 픽토그램 만들기

❶ 픽토그램을 만들기 위해서는 데이터를 가공해야 한다. 원본 데이터를 바탕으로 픽토그램의 배경(회색 이미지)이 되는 부분과 데이터가 들어가는 부분(색상 이미지)을 만들어줘야 한다. 배경 이미지가 들어갈 부분에 **1**을 입력하고, 색상이 들어갈 부분

은 비율로 바꾼다.

만족도	2020	2021	2022
남자_배경 ❶	1	1	1
여자_배경	1	1	1
남자_만족도	35%	85%	75%
여자_만족도	65%	75%	75%

회색 이미지 배경 데이터를 만들어 줌

❷ 위 데이터를 활용해 세로 막대 차트를 만들어보자. 막대를 선택하고 마우스 오른쪽 버튼을 클릭해 [데이터 계열 서식]을 선택한다. [데이터 계열 서식] 작업 창에서 [채우기 및 선]-[그림 또는 질감 채우기]-[삽입]을 선택한 다음, 원하는 이미지를 넣어준다.

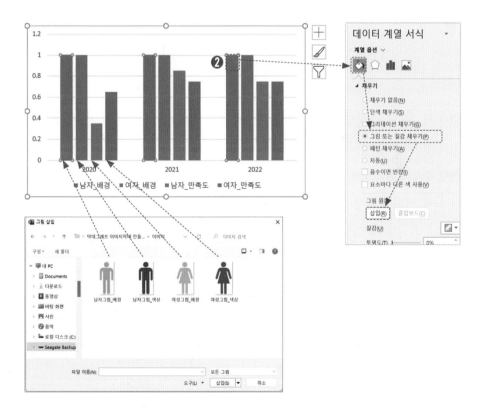

❸ 이제 배경과 색상이 들어갈 막대를 겹쳐줘야 한다. 회색으로 된 그림을 배경으로 두고 그 위에 색상 이미지를 얹는다. 차트를 선택하고 마우스 오른쪽 버튼을 클릭해 [차트 종류 변경]을 선택한다. [차트 종류 변경] 대화상자에서 [혼합]을 선택한다. ❹ 색상이 들어간 막대의 [차트 종류]를 [묶은 세로 막대형]으로 선택하고 [보조 축] 옵션에 체크한다.

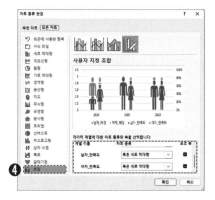

❺ 이제 수치에 따라 색상 이미지가 채워지도록 조정해야 한다. 색상 이미지를 클릭하고, [데이터 계열 서식] 작업 창의 [채우기] 옵션에서 [다음 배율에 맞게 쌓기]를 선택하면 수치에 따라 높이가 조절된다. 여기서 필요에 따라 레이블 추가, 눈금선/축 레이블 삭제, 레이블 색상 조정 등의 방법으로 편집해도 좋다.

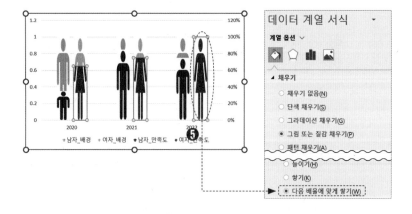

명암을
활용하자

항목이 많아도 여러 가지 색상을 사용하지는 말자. 색상의 개수는 최소화하는 것이 좋다. 다음 차트를 보자. 항목별로 서로 다른 색상을 사용했다. 알록달록해서 항목별 차이를 파악하기 어렵다. 이럴 때는 한 색상과 명암을 이용하는 것이 좋다.

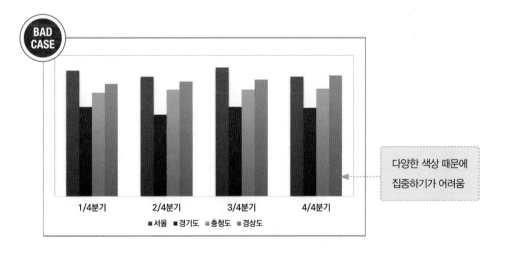

다양한 색상 때문에
집중하기가 어려움

명암이란 색상의 밝기와 어두운 정도를 나타낸다. 같은 색상을 어둡게 하거나 밝게 하는 명암을 활용해보자. 그렇다고 다음 차트처럼 옅은 색과 짙은 색을 번갈아 사용하지는 말자. 이 방법은 막대를 구분만 할 뿐, 보는 사람을 정신없게 만든다. 또한 항목 간 비교라는 차트의 본 목적과 멀어진다.

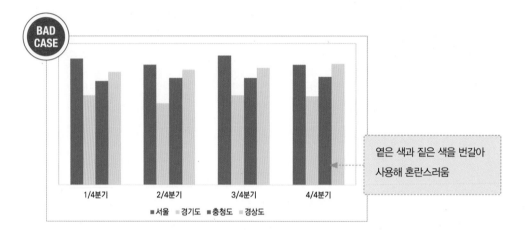

옅은 색과 짙은 색을 번갈아 사용해 혼란스러움

〈차트 A〉처럼 회색을 기준으로 명도를 조정해 배치하는 것을 추천한다. 명암만 가지고도 보는 사람은 쉽게 구분할 수 있다. 여러 색상보다 단일 색상이 눈의 피로감이 덜하다. 명암을 활용할 때는 짙은 색부터 옅은 색 순서로 배치하는 것이 좋다.

〈차트 A〉

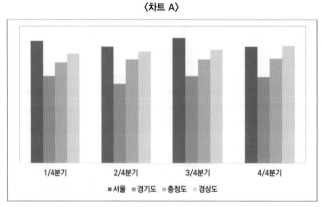

▲ 회색을 기준으로 명암을 밝기순으로 조정함

〈차트 B〉처럼 파란색을 기준으로 해도 좋다. 색상보다는 명도로 구분하는 것이 중요하다.

〈차트 B〉

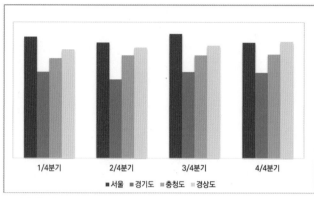

▲ 단일색을 기준으로 명암을 조절함

내림차순으로
배치하자

세로 막대 차트는 시간에 따른 변화를 파악하기 위한 차트지만, 항목 간 순위를 나타
낼 때도 사용한다. 시간의 변화를 나타낼 때는 과거부터 미래의 순서로 배치하는 것이
원칙이다. 반면 순위를 나타낼 때는 가장 높은 막대를 왼쪽에 배치하고 오른쪽으로 갈
수록 낮아지게 내림차순으로 배치하는 것이 좋다.

다음 차트는 지역별 대리점 매출액 순위를 나타내는 것이 목적이다. 그러나 지역 이름
순으로 배치하다 보니 막대의 높이가 들쑥날쑥해 어느 지역이 가장 높고 낮은지 파악
하기 쉽지 않다. 일일이 막대의 높이를 가늠해봐야 겨우 알 수 있다. 보는 사람에게 고
민거리를 주는 차트는 작성자가 자신의 역할을 소홀히 한 결과다.

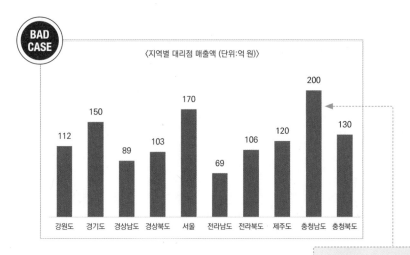

〈지역별 대리점 매출액 (단위:억 원)〉

순위가 뒤죽박죽되면 읽기가 어려움

다음 차트처럼 매출액순으로 배치해야 어느 지역이 가장 높고 낮은지 쉽게 구분할 수 있다. 작성자의 임무는 보는 사람의 불편을 최소화하는 것임을 명심하자.

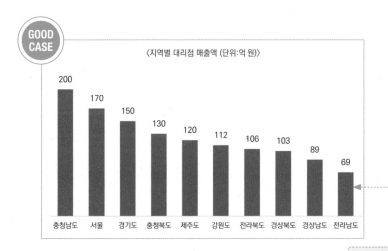

〈지역별 대리점 매출액 (단위:억 원)〉

내림차순으로 배치하는 게 좋음

다중 항목일 경우에도 마찬가지이다. 다음 왼쪽 차트를 보자. 지역별로 순위를 파악하기 어렵다. 오른쪽 차트처럼 내림차순으로 배치해야 한다. 이때 색상은 짙은 색에서 옅은 색으로 내려가는 게 좋다. 이렇게 색상을 배열하는 목적은 가장 순위가 높은 왼쪽 막대를 강조하기 위함이다.

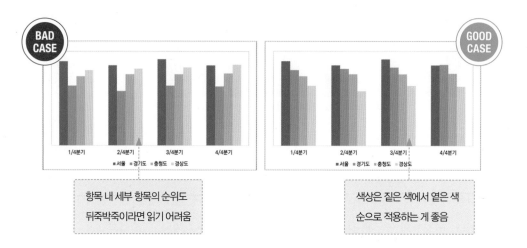

항목 내 세부 항목의 순위도
뒤죽박죽이라면 읽기 어려움

색상은 짙은 색에서 옅은 색
순으로 적용하는 게 좋음

관련성이 있는 막대는
겹쳐주자

관련성이 높은 항목을 가지고 차트를 작성할 때가 있다. 가령 계획 대비 실적을 차트로 만든다고 하자. 이때는 계획을 얼마나 달성했는지 실적을 막대로 표현해줘야 한다. 다음 왼쪽 차트는 계획과 실적 두 막대를 옆으로 나란히 배치했다. 막대를 붙여놓은 것을 제외하고 범례를 보기 전까지는 두 막대의 관련성을 알기 어렵다.

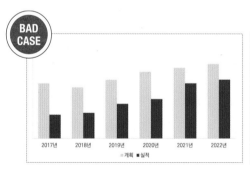

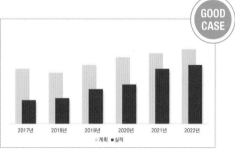

누누이 강조했지만 차트는 수치나 범례를 보기 전 막대만 보고도 파악할 수 있어야 한다. 오른쪽 차트처럼 두 막대를 겹쳐놓으면 어떤가? 무슨 막대인지는 몰라도 두 막대

가 관련 있어 보이지 않나? 더욱이 실적을 계획보다 짙은 색상으로 표현해 강조했다. 실무에서 매출액 대비 순이익이나 수익 대비 지출을 보여줄 때 종종 사용되는 방식이다. 엑셀에서는 차트 도형 서식 중 [계열 겹치기] 기능을 통해 만들 수 있다.

이번에는 막대 안에 막대를 넣어보자. 〈차트 A〉는 회색 막대(계획) 안에 파란색 막대(실적)를 넣었다. 이렇게 하면 계획 대비 실적을 어느 정도 달성했는지 쉽게 파악할 수 있다. 이런 차트도 엑셀에서 보조축과 간격 너비를 이용하면 만들기 쉽다.

〈차트 A〉

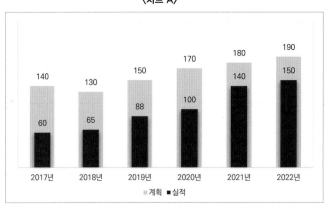

▲ 막대 안에 막대를 넣으면 포함 관계를 나타내기 쉬움

세로 막대 차트 [실습] 막대 겹쳐주기

막대가 서로 관련성이 있다면 막대를 겹쳐주는 것도 좋은 방법이다. ❶ 차트를 선택하고 마우스 오른쪽 버튼을 클릭해 [차트 종류 변경]을 선택한다. ❷ [차트 종류 변경] 대화상자에서 [혼합]을 클릭하고 겹쳐질 실적 막대의 [보조 축] 옵션을 체크한다.

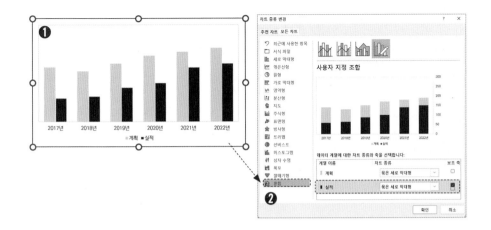

이제 막대별로 [간격 너비]를 조정한다. 안쪽에 들어갈 막대의 간격 너비를 바깥쪽 막대보다 넓게 지정한다. ❸ 안쪽으로 들어갈 파란색 막대의 [간격 너비]는 **100%**로 설정하고, ❹ 바깥쪽으로 나올 회색 막대의 [간격 너비]는 **200%**로 설정하면 파란색 막대가 회색 막대 안으로 들어간다.

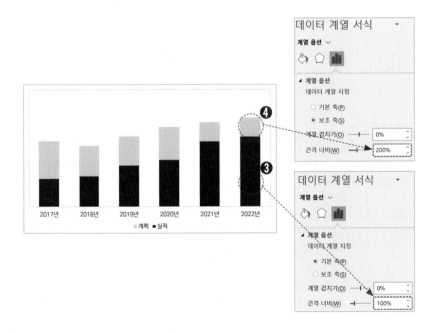

여기서 100%, 200%의 의미는 같은 축에 있는 막대 간의 간격을 의미한다. 이렇게 설정하면 파란색 막대 간의 간격은 막대 두께의 두 배가 되고, 회색 막대 간의 간격은 1배가 돼 막대가 포함되는 것처럼 보이게 된다.

간격 너비를 조정할 때 안쪽 막대와 바깥쪽 막대의 간격 너비가 동일하면 누적 막대처럼 보여 혼동을 주므로 유의하자.

차트 문제 풀이

문제

다음은 잘못된 예시이다. 아래 실습 문제를 통해 더 효과적으로 보이도록 수정해보자.

실습 1. 데이터 크기를 기준으로 내림차순 배치하기

실습 2. 막대에 시선이 가도록 두께 조절하기

실습 3. 특정 막대(서울)의 색상을 파란색으로 변경하기

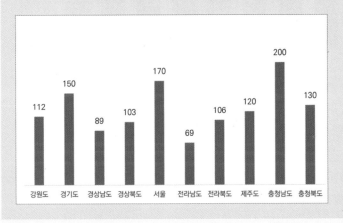

HINT

- 데이터 크기에 따라 내림차순으로 배치하자.
  ─────── 세로 막대 차트 08(112쪽)
- 막대 두께를 조절하면 막대에 시선이 가도록 만들 수 있다.
  ─────── 세로 막대 차트 02(089쪽)
- 색상으로 막대를 강조할 수 있다.
  ─────── 세로 막대 차트 05(101쪽)

차트 문제 풀이

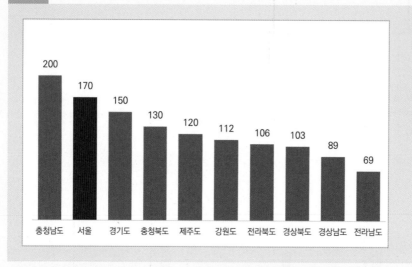

해설

- 데이터의 수치를 기준으로 [내림차순]해 차트를 작성한다.
- 막대 두께를 조절하기 위해 [데이터 계열 서식]에서 [간격 너비]를 50%로 설정한다.
- [서울] 막대를 클릭해 [데이터 계열 서식]–[채우기]에서 [파란색]을 선택한다.

차트 보고서 핵심 요약

1. 차트를 보자마자 막대에 시선이 가도록 해주자.

▶ 막대 간격보다 막대 두께를 두껍게 설정해서 막대에 시선이 가도록 만드는 것이 좋다.

2. 막대만 보고도 실제값인지, 예측값인지 구분할 수 있도록 해주자.

▶ 실제값과 예측값을 구분하는 가장 쉬운 방법은 막대 패턴을 다르게 지정하는 것이다.

3. 막대는 시간이나 크기로 정렬해서 보여주자.

▶ 시간의 변화를 나타낼 때는 연도(항목)를 기준으로 과거는 왼쪽에, 미래는 오른쪽에 배치하는 오름차순으로 배치해야 한다.

▶ 순위를 나타낼 때는 가장 높은 막대를 왼쪽에 배치하고 오른쪽으로 갈수록 낮아지는 내림차순으로 배치하는 것이 좋다.

4. 세 개 이하의 색상을 사용해 강조하는 것이 좋다.

CHAPTER

03

스파크라인 차트의
기술

스파크라인 차트 만들기

스파크라인은 엄밀히 말하면 차트는 아니지만 차트 작성에 따른 시간과 노력을 최대한 줄여주기 때문에 실무에서 많이 사용된다. 스파크라인은 영업실적이나 매출현황처럼 수시로 바뀌는 데이터나 엑셀 시트 보고서에서 딱딱한 숫자를 부드러운 차트 형태로 바꾼다.

차트가 정확한 값보다 값이 가진 형태, 추세를 나타낸다는 점에서 보면 스파크라인은 차트 같은 역할을 한다. 또한 다수의 차트를 만든다면 시간도 절약돼 매우 유용하다. 굳이 스파크라인의 단점을 꼽으라면, 세세한 편집이 어렵고 차트를 하나의 셀 안에서만 표시해준다는 것 정도다.

스파크라인의 종류는 꺾은선형, 열, 승패로 구분되는데 이 중에서 승패는 잘 사용하지 않는다. 꺾은선형은 선 차트, 열은 세로 막대 차트라고 생각하자.

다음 예시를 보자. 데이터를 가지고 버튼 몇 번을 클릭하면 세로 막대 차트, 선 차트를 만들어준다.

구분	2020	2021	2022	2023	2024	스파크라인
A사	320	125	246	325	485	
B사	125	186	198	59	241	
C사	246	325	320	125	99	
D사	198	246	195	201	258	
E사	320	125	246	325	300	
F사	125	186	198	246	325	
H사	195	215	175	198	59	

스파크라인 차트 [실습] 스파크라인 차트 만들기

예제 파일 PART01₩스파크라인차트01_스파크라인만들기.xlsx

엑셀의 데이터를 가지고 스파크라인을 만들어보자.

❶ 예제 파일을 불러오고 스파크라인을 만들 데이터를 선택한 다음, 엑셀 메뉴에서
[삽입] 탭-[스파크라인] 그룹-[열]을 클릭한다.

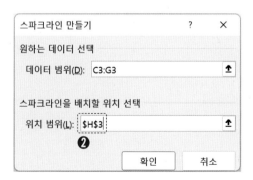

구분	2020	2021	2022	2023	2024	스파크라인
A사	320	125	246	325	485	
B사	125	186	198	59	241	
C사	246	325	320	125	99	
D사	198	246	195	201	258	
E사	320	125	246	325	300	
F사	125	186	198	246	325	
H사	195	215	175	198	59	

꺾은선형 열 승패(W)
스파크라인

❷ [스파크라인 만들기] 대화상자에서 [스파크라인을 배치할 위치 선택]에서 스파크
라인이 들어갈 셀을 선택한다.

스파크라인 만들기   ?   ×

원하는 데이터 선택

데이터 범위(D): C3:G3   ⬆

스파크라인을 배치할 위치 선택

위치 범위(L): H3   ⬆
              ❷

          확인   취소

❸ 스파크라인이 만들어졌으면 Ctrl+C를 눌러 서식을 복사하거나 드래그해 나머지 칸을 채워준다. 스파크라인이 담긴 셀을 선택하고 리본 메뉴를 보면 [스파크라인]이라는 탭이 있다. 여기서 막대의 색상과 높은 점 표시 등을 편집할 수 있다. [높은 점]에 체크하면 값이 가장 큰 막대를 잘 보이게 만들 수 있다. 그밖에도 내가 원하는 색상이 있다면 자유롭게 변경할 수 있다.

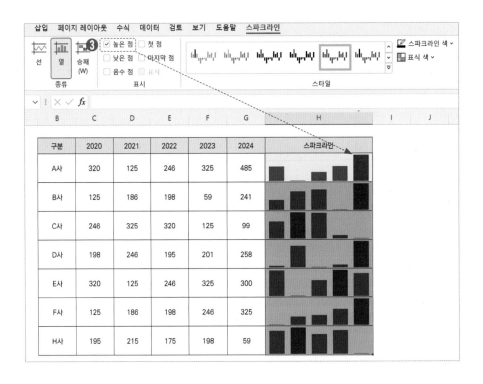

차트 보고서 핵심 요약

1. 엑셀 시트로 보고서를 작성할 때 유용하다.

▶ 수시로 바뀌는 데이터를 스파크라인 차트로 만들면 시간이 많이 절약돼 유용하다.

2. 스파크라인 차트는 추세를 확인하는 데 효과적이다.

▶ 엑셀 시트 셀 안에 표시되는 스파크라인은 데이터의 추세를 확인할 때 편리하다.

CHAPTER
04

간트 차트의
기술

간트 차트
만들기

간트 차트는 업무 진행 상황을 한눈에 보여주는 일종의 일정표에 가깝다. 직장인이라면 누구나 한 번쯤은 파워포인트나 그래픽 소프트웨어를 이용해서 간트 차트를 많이 작성해봤을 것이다. 이렇게 어렵게 만들 필요 없이 엑셀의 누적 막대 차트를 활용하면 쉽게 만들 수 있다. 간트 차트의 다른 장점은 프로젝트 구성원 간 누가 어떤 업무를 언제부터 시작하고, 언제까지 해야 하는지 알 수 있고, 일정 관리가 수월하다는 것이다.

다음 차트는 엑셀의 차트 기능을 이용해서 만들었다. 이처럼 디자인 소프트웨어를 쓰지 않고 엑셀만으로도 훌륭한 간트 차트를 만들 수 있다.

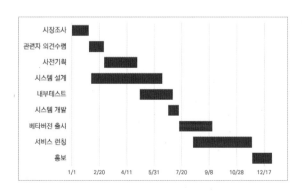

다음 차트는 간트 차트에 시작일과 마감일을 같이 표시한 것이다. 우리에게 중요한 것은 정확한 날짜이기 때문에 이렇게 표시해두면 마감일을 놓치는 경우는 발생하지 않을 것이다.

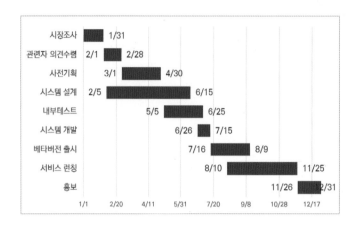

이제 간트 차트에 진행 상태를 같이 표시해보자. 이렇게 하면 업무별 마감 기한뿐만 아니라 업무 진행 현황까지 확인할 수 있다.

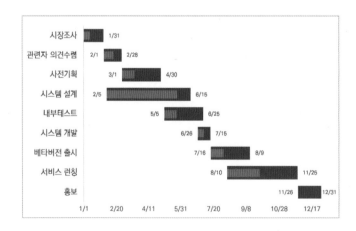

간트 차트 [실습] 간트 차트 만들기

예제 파일 PART01₩간트차트01_간트차트만들기.xlsx

엑셀의 데이터를 가지고 누적 막대 차트를 이용해 간트 차트를 만들어보자.

❶ 예제 파일을 불러오고 [B3:E12] 범위를 선택한 다음, 엑셀 메뉴에서 [삽입] 탭-
[차트] 그룹에서 [2차원 가로 막대형]-[누적 가로 막대형]을 선택한다. 가로축에서
마우스 오른쪽 버튼을 클릭해 [축 서식]을 선택한다. [축 서식] 작업 창의 [축 옵션]-
[경계]에서 [최소값]은 **44562**, [최대값]은 **44926**을 입력한다. 여기서 **44562**는 전
체 일정 시작일인 1월 1일의 Value값이고, **44926**은 전체 일정 종료일인 12월 31일
의 Value값이다.

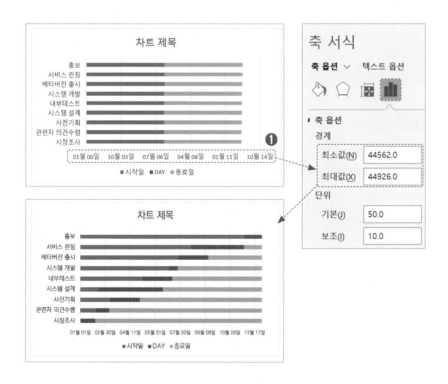

❷ 시작일 막대와 종료일 막대를 클릭하고 [축 서식]–[축 옵션]–[채우기 및 선]에서 [채우기 없음], [선 없음]을 선택한다. 다음으로 세로축에서 마우스 오른쪽 버튼을 클릭해 [축 서식]을 선택한다. [축 서식] 작업 창의 [축 옵션]에서 [항목을 거꾸로]에 체크한다. ❸ 가로축에서 마우스 오른쪽 버튼을 클릭해 [축 서식]을 선택한다. [축 옵션]–[레이블]–[레이블 위치]에서 [높은 쪽]을 선택하고 [표시 형식]–[범주]를 [날짜]로, [형식]을 [3/14]로 바꾼다. 이후에는 제목, 범례를 제거하고 색상을 변경해준다.

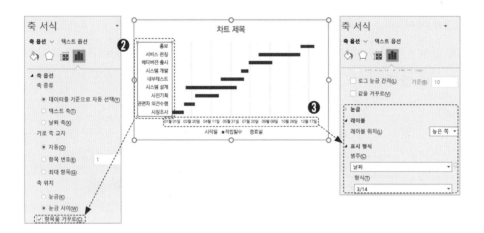

❹ 이제 막대 양 끝에 시작일과 종료일을 넣어보자. 시작일, 종료일 막대에서 마우스 오른쪽 버튼을 클릭해 [데이터 레이블 추가]를 선택한다. [데이터 레이블 서식] 작업 창에서 시작일의 [레이블 옵션]–[레이블 위치]는 [안쪽 끝에], 종료일의 [레이블 위치]는 [축에 가깝게]로 선택한다.

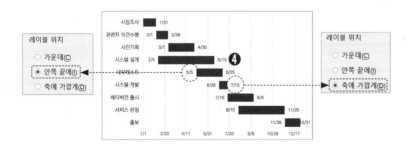

❺ 이제 막대 안에 진행 현황을 표시해보자. 시작일 막대를 선택하고 차트 오른쪽 상단에 있는 ⊞를 클릭해 [차트 요소]에서 [오차 막대]를 체크한다.

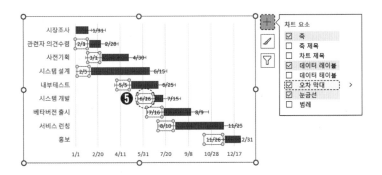

차트 안에 오차 막대에서 마우스 오른쪽 버튼을 클릭하고 [오차 막대 서식]을 선택한다. ❻ [오차 막대 서식] 작업 창에서 [방향]–[양의 값], [끝 스타일]–[끝 모양 없음]을 선택한다. [오차량]–[사용자 지정]–[값 지정]을 클릭하고 ❼ 진행일수 데이터 [F4:F12]를 입력한다. 추가로 [채우기 및 선]에서 막대 색상과 너비를 조정해준다.

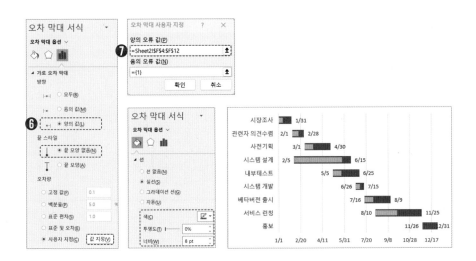

차트 보고서 핵심 요약

1. 일정 계획을 수립할 때는 간트 차트가 유용하다.

▶ 간트 차트는 전체 일정 계획을 한눈에 보여줌으로써 일정 관리를 수월하게
   해준다.

2. 누적 가로 막대 차트를 이용하면 간트 차트를 쉽게 만들 수 있다.

PART
02

순위를 보여주는
차트

가로 막대 차트의 기술

막대 두께를
간격보다 두껍게 만들자

가로 막대 차트도 세로 막대 차트와 마찬가지로 막대 두께가 간격보다 두껍게 만들어
야 한다. 다음 차트를 보면 막대 두께가 간격보다 얇아서 간격만 눈에 들어온다. 하
지만 막대 차트는 막대 간격을 보여주는 것이 아니라 막대를 보여주기 위해 만들어
진 차트이다.

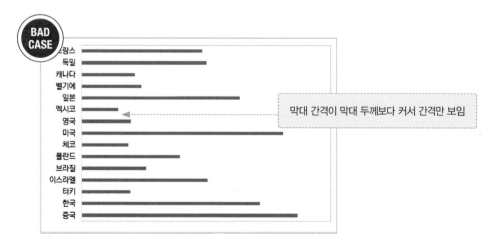

막대 간격이 막대 두께보다 커서 간격만 보임

앞의 〈BAD CASE〉를 보면 막대가 너무 얇아서 잘 보이지 않는다. 작성자가 막대보다 막대 사이의 공백을 두껍게 만들었기 때문이다. 이런 차트는 잘못된 차트이다.

〈BAD CASE〉에서 막대 두께만 조정한 아래 〈GOOD CASE〉를 보면 막대로 시선이 가는 것을 확인할 수 있다. 이처럼 막대 두께를 막대 간격보다 두껍게 해야 보는 사람은 자연스럽게 막대로 시선이 간다.

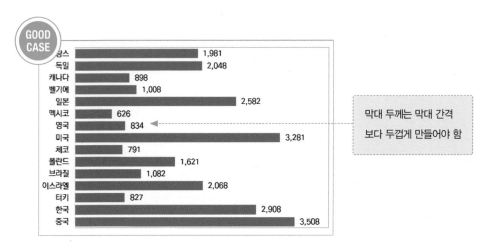

막대 두께는 막대 간격
보다 두껍게 만들어야 함

내림차순으로
배치하자

가로 막대 차트는 순위를 보여주는 대표적인 차트이면서 표시해야 할 항목이 많을 때 (일곱 개 이상) 사용하는 차트이다. 그렇기 때문에 기본적으로 막대 개수가 많다. 막대가 너무 많으면 막대들의 순위를 파악하기 어렵기 때문에 내림차순으로 정렬해야 한다.

이때는 두 가지 방법이 있다.

> 첫째, 막대 크기를 기준으로 정렬한다.
> 둘째, 축(항목명) 기준으로 정렬한다.

우선, 막대 크기를 기준으로 정렬하는 방법이다. 다음 차트를 보자. 막대 크기가 뒤죽박죽되다 보니 어느 항목이 큰지, 작은지 한눈에 파악하기 어렵다. 이렇게 막대만으로 순위를 파악하기가 어려우면 가로 막대 차트를 사용할 필요가 없어진다.

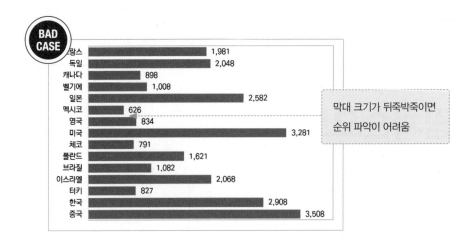

프랑스 1,981
독일 2,048
캐나다 898
벨기에 1,008
일본 2,582
멕시코 626
영국 834
미국 3,281
체코 791
폴란드 1,621
브라질 1,082
이스라엘 2,068
터키 827
한국 2,908
중국 3,508

막대 크기가 뒤죽박죽이면
순위 파악이 어려움

순위를 잘 나타내기 위해서는 막대의 값을 기준으로 내림차순으로 정렬해야 한다. 〈차트 A〉처럼 말이다. 막대의 값이 큰 순서대로 정렬하면 어느 막대가 가장 큰지, 작은지 쉽게 파악할 수 있다. 내림차순으로 정렬하는 이유는 우리의 시선이 자연스럽게 위에서 아래로 움직이기 때문이다. 그래서 중요한 것을 가장 먼저 보여주는 것이 좋다. 가장 큰 막대를 위에 배치하고 아래로 갈수록 작은 막대를 배치하자.

〈차트 A〉

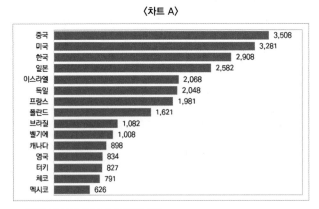

중국 3,508
미국 3,281
한국 2,908
일본 2,582
이스라엘 2,068
독일 2,048
프랑스 1,981
폴란드 1,621
브라질 1,082
벨기에 1,008
캐나다 898
영국 834
터키 827
체코 791
멕시코 626

▲ 내림차순으로 정리하면 순위 파악이 쉬움

보는 사람을 위해 〈차트 B〉처럼 중요한 막대를 강조색으로 바꿔보자. 또한, 모든 막대에 레이블을 표시하는 것보다 중요한 막대만 데이터 레이블을 표시하자. 차트에 숫자가 많아지면 어수선해져 작성자가 보여주고 싶은 숫자를 읽게 하는 데 방해가 된다. 그러니 굳이 중요하지 않는 막대까지 레이블을 표시할 필요는 없다.

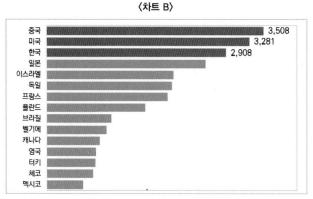

〈차트 B〉

▲ 강조는 색상과 레이블을 이용

다음은 축(항목명)을 기준으로 정렬하는 방법이다. 가로 막대 차트를 작성하다 보면 값이 아니라 축을 기준으로 정렬해야 할 때가 있다. 예컨대 축이 연도 등과 같이 시간을 나타내는 항목일 때다. 시간의 변화를 나타내기 좋은 차트는 세로 막대 차트지만, 표시할 연도가 많거나 항목명이 긴 경우 가로 막대 차트를 사용한다.

〈차트 C〉처럼 축이 연도라면 최근 연도를 가장 위에 배치하고 아래로 내려갈수록 과거를 배치해야 한다. 최근 연도가 가장 중요하기 때문에 가장 위에 배치하는 것이다.

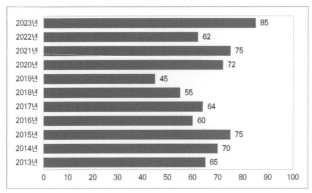

〈차트 C〉

▲ 시간(연도)을 기준으로 최근 연도를 가장 위에 배치함

예컨대 값이 가장 높은 막대와 낮은 막대를 표시하고 싶다면 강조색과 데이터 레이블을 같이 이용하자. 〈차트 D〉처럼 강조하고 싶은 막대만 강조색을 적용하고 레이블을 표시하면 보는 사람의 시선을 사로잡을 수 있다.

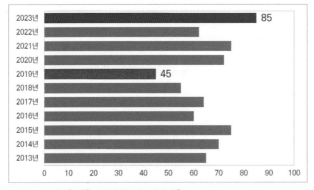

〈차트 D〉

▲ 색상과 레이블을 이용하면 막대를 강조하기 쉬움

또한, 〈차트 E〉처럼 평균을 표시해주면 보는 사람은 평균보다 높거나 낮은 막대가 무엇인지 쉽게 확인할 수 있다. 작성자는 보는 사람을 위해 가독성을 높여야 한다.

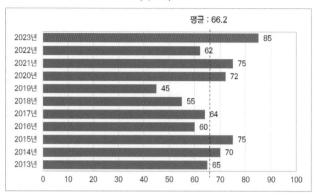

〈차트 E〉

▲ 도형(선)을 이용해 부가 설명을 달아줄 수 있음

가로 막대 차트 [실습] 내림차순으로 정렬하기

예제 파일 PART02₩가로막대차트01_내림차순정렬하기.xlsx

막대값을 기준으로 정렬하려면 테이블의 데이터를 정렬해주는 별도 작업이 필요하다.

❶ 예제 파일을 불러오고 데이터에서 값을 기준으로 내림차순으로 정렬한다. 이 상태에서 차트를 만들면 차트의 막대가 큰 것은 아래쪽으로 내려가고, 작은 값이 위로 올라간다. 마치 오름차순 형태로 보인다. 이는 엑셀의 기본적인 특성이다.

국가	시장규모(억원)
중국	3,508
미국	3,281
한국	2,908
일본	2,582
이스라엘	2,068
독일	2,048
프랑스	1,981
폴란드	1,621
브라질	1,082
벨기에	1,008
캐나다	898
영국	834
터키	827
체코	791
멕시코	626

값을 기준으로 내림차순으로 정렬

❷ 차트의 세로(항목)축을 선택하고 마우스 오른쪽 버튼을 클릭해 [축 서식]을 선택한다. [축 서식] 작업 창의 [축 옵션]에서 [항목을 거꾸로]를 클릭한다. 그러면 값이 큰 막대가 위로 올라가고 내림차순으로 정렬된 차트를 확인할 수 있다.

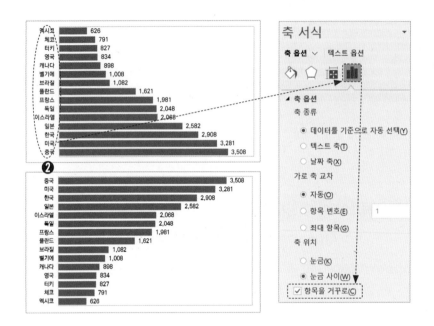

음수는 왼쪽, 양수는 오른쪽에 배치하자

가로 막대 차트는 막대를 가로 방향으로 표시해주는 차트이다. 표시할 값이 음수라면 어떻게 해야 할까? 이럴 때는 기준선(0)을 기준으로 음수는 왼쪽, 양수는 오른쪽 방향으로 배치한다. 막대가 왼쪽 방향으로 가는 차트를 어떻게 만들지 고민할 필요는 없다. 엑셀에서는 자동으로 음수는 왼쪽, 양수는 오른쪽으로 배치해주기 때문이다.

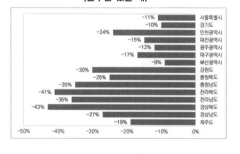

〈음수만 있을 때〉

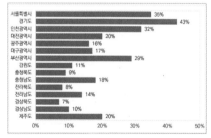

〈양수만 있을 때〉

예를 들어보자. 데이터값에 음수와 양수가 같이 있으면 어떻게 할까? 〈차트 A〉처럼 좌우 대칭 형태의 차트를 만든다.

〈차트 A〉

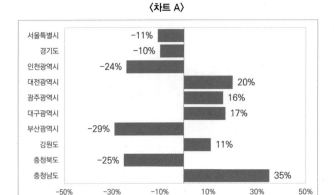

▲ 음수는 왼쪽으로, 양수는 오른쪽으로 자동 배치됨

보는 사람을 위해 좀 더 노력해보자. 〈차트 A〉에서 양수와 음수의 색상을 다르게 나타내는 것이다. 이때는 자신이 강조할 부분이 음수라면 음수에 눈에 띄는 색을 넣고, 양수라면 양수에 색을 넣는다. 〈차트 B〉처럼 말이다. 어떤가? 〈차트 A〉보다 양수와 음수를 쉽게 구분할 수 있다.

〈차트 B〉

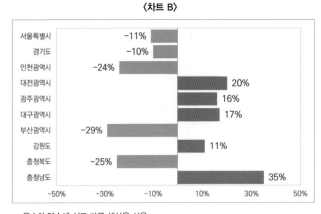

▲ 음수와 양수에 서로 다른 색상을 사용

〈차트 B〉에서도 축이 맨 왼쪽에 있어 막대의 위치와 항목명의 위치를 맞춰가면서 읽어야 한다. 보는 사람 입장에서는 불편한 차트이다.

그렇다면 〈차트 C〉처럼 바꿔보면 어떨까? 막대 바로 옆에 항목명을 기입해주는 것이다. 작성자 입장에서는 추가적인 작업이 필요하지만, 보는 사람은 편안하게 차트를 읽는다.

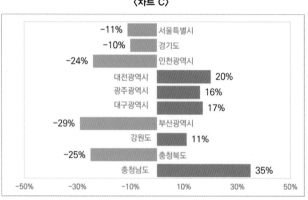

〈차트 C〉

▲ 막대 옆에 레이블을 배치하면 읽기가 쉬움

가로 막대 차트 [실습] 축 없애기

예제 파일 PART02₩가로막대차트02_축없애기.xlsx

차트를 작성하다 보면 축을 넣거나 없애는 경우가 종종 있다. 축을 없애는 이유는 차트를 깔끔하게 만들기 위해서다. 반면 축을 넣는 이유는 차트를 정확하게 보여주기 위해서다. 이럴 때 필요한 기능을 알아보자.

방법은 간단하다. ❶ 예제 파일을 불러오고 차트를 클릭한다. ❷ 오른쪽 상단의 ⊞를 클릭하면 [차트 요소]를 편집할 수 있다. 여기서 [축]-[기본 세로]의 체크를 해제하면 축을 없앨 수 있다. 참고로 ⊞를 클릭해 축 제목, 데이터 레이블, 눈금선, 범례 등을 자유롭게 조정할 수 있다.

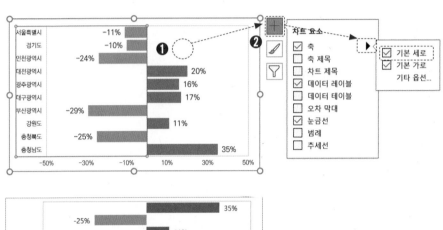

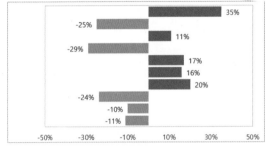

이미지로
전달력을 높이자

〈차트 A〉처럼 글로만 표현하는 것보다 〈차트 B〉와 같이 이미지를 넣으면 이 차트의
막대는 무엇을 나타내는 것인지 쉽게 전달할 수 있다. 〈차트 B〉의 막대를 보면 막대
옆 숫자가 자동차 대수를 말하는 것임을 바로 알 수 있다.

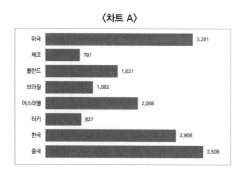

〈차트 A〉

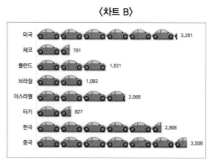

〈차트 B〉

그러나 차트에 이미지를 넣기란 쉬운 일이 아니다. 적절한 이미지를 찾는 데 시간과
노력이 들기 때문이다. 따라서 기본에 충실하게 차트를 제작한 후에 여유 시간이 생
겼을 때 이미지를 활용하자.

가로 막대 차트 [실습] 막대에 이미지 넣기

예제 파일 PART02₩가로막대차트03_이미지막대만들기.xlsx

차트의 전달력을 높이기 위해 종종 막대에 이미지를 넣는다. 막대를 이미지 하나로 보여주는 것이 아니라 이미지가 쌓아지는 형태로 만들면 값이 점점 커지는 모습의 차트를 만들 수 있다.

❶ 예제 파일을 불러오고 막대를 선택한 다음, 마우스 오른쪽 버튼을 클릭해 [데이터 계열 서식]을 선택한다. ❷ [데이터 계열 서식] 작업 창이 나오면 [채우기 및 선]−[계열 옵션]−[채우기]−[그림 또는 질감 채우기]를 선택하고 [삽입]을 클릭한다. 넣고 싶은 이미지를 선택한 다음 [쌓기]를 선택한다.

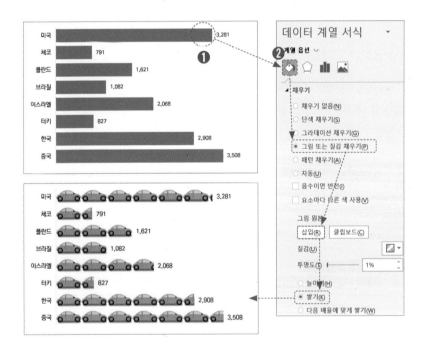

참고로 세 가지 이미지 유형의 의미를 알아보자. 우선, [늘이기] 기능은 이미지를 막대 크기만큼 늘려주는 역할을 한다. 이미지 크기가 작다면 아래처럼 길게 늘어난다.

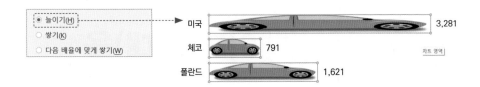

다음으로 [쌓기]가 있다. 이 기능은 이미지의 원본 크기를 기준으로 값만큼 쌓는다. 원본 크기를 그대로 사용하기 때문에 이미지가 늘어나거나 잘리지 않고 정상적으로 나온다는 장점이 있다.

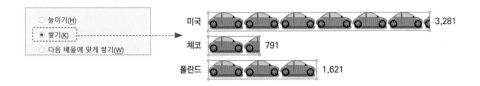

마지막으로 [다음 배율에 맞게 쌓기]가 있다. 이 기능은 값을 기준으로 이미지를 표시한다. 다음 예시처럼 [단위/사진]을 **1,000**으로 한다면 이미지 한 개를 1,000으로 간주해 해당되는 만큼 이미지가 표시된다. 미국의 값이 3,281이니 이미지 세 개가 나오고, 남은 281만큼의 이미지를 끊어서 보여주는 것이다.

조건부 서식(데이터 막대)을 이용하자

데이터가 자주 바뀌어 차트를 여러 번 만들어야 할 때가 있다. 예컨대 많은 영업 지점의 영업실적, 고객만족도 등과 같이 매일 보고하거나 최근 실적을 매번 관리해야 하는 경우 수시로 차트를 작성해야 한다. 이처럼 자주 바뀌는 데이터는 엑셀의 [조건부 서식] 기능을 활용하자.

[조건부 서식] 기능 중에 셀 안의 수치를 가로 막대로 바꿔주는 기능이 있다. 이 기능을 이용하면 다음 왼쪽 테이블을 오른쪽처럼 바꾼다. 한 번 서식을 설정해두면 수치가 바뀌어도 자동으로 막대 크기도 조정되기 때문에 차트를 여러 번 만들어야 하는 번거로움이 없어진다.

영업소	고객만족도(점수)
서초1지점	80
서초2지점	67
서초3지점	85
서초4지점	90
서초5지점	65
성남1지점	45
성남2지점	86
성남3지점	90
성남4지점	40
성남5지점	52
강남1지점	58
강남2지점	65
강남3지점	75
강남4지점	72
강남5지점	76

가로 막대 차트 [실습] 조건부 서식으로 차트 만들기

예제 파일 PART02₩가로막대차트04_조건부서식으로차트만들기.xlsx

엑셀의 [조건부 서식]을 이용해 셀 안의 수치를 가지고 막대를 만들어보자.

❶ 예제 파일을 불러오고 막대로 변환할 데이터를 선택한 다음, ❷ 엑셀 메뉴에서 [조건부 서식]을 선택한다. 조건부 서식 창에서 [데이터 막대]를 클릭한 후 원하는 막대 스타일을 선택한다. 가급적이면 [그라데이션 채우기]보다는 [단색 채우기]를 선택하자. 막대가 깔끔해진다. 배경은 밝은 색을 추천한다. 글자가 검은색이라서 배경이 밝아야 수치가 눈에 잘 들어온다.

영업소	고객만족도(점수)
서초1지점	80
서초2지점	67
서초3지점	85
서초4지점	90
서초5지점	65
성남1지점	45
성남2지점	86
성남3지점	90
성남4지점	40
성남5지점	52
강남1지점	58
강남2지점	65
강남3지점	75
강남4지점	72
강남5지점	76

[데이터 막대]로 만들어진 막대는 기본적으로 데이터 범위 중에 수치가 가장 큰 셀을 최댓값으로 인식해 가장 넓게 만들고 나머지 수치들은 상대적인 비율만큼의 크기로 만들어준다. 막대 크기를 순위로 보여주는 방식이다. 막대가 100%로 채워져 있으면 1등이라는 것이다. 단점은 1등의 숫자가 만점이 아닌데도 만점처럼 보인다는 것이다. 앞의 예시를 보면 고객만족도 점수가 90점인데 마치 100점처럼 보인다.

만족도 점수와 같이 최댓값을 지정해야 한다면 [데이터 막대]에서 [기타 규칙]을 선택하고 [새 서식 규칙] 대화상자에서 내가 원하는 [최대값]으로 바꾸자.

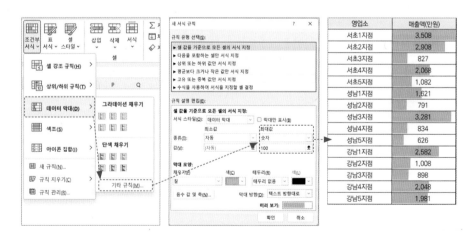

차트 문제 풀이

문제

다음은 잘못된 예시이다. 아래 실습 문제를 통해 더 효과적으로 보이도록 수정해보자.

실습 1. 데이터의 크기를 기준으로 내림차순으로 배치하기

실습 2. 막대 두께를 간격보다 두껍게 조정하기

실습 3. 특정 막대(한국)만 색상(주황색), 데이터 레이블 [값]을 표시하기

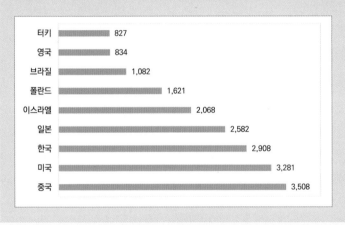

<u>HINT</u>

- 막대 두께를 간격보다 두껍게 하면 막대에 시선이 가도록 할 수 있다.
  ——————— 가로 막대 차트 01(137쪽)
- 데이터 크기를 기준으로 내림차순으로 배치하자.
  ——————— 가로 막대 차트 02(139쪽)

차트 문제 풀이

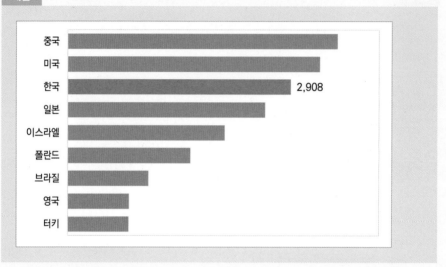

해설

- 축을 선택하고 [축 서식]에서 [항목을 거꾸로]를 선택한다.
- 막대 두께를 조정하기 위해 막대를 선택하고 [데이터 계열 서식]에서 [간격 너비]를 50%로 조정한다.
- [한국] 막대만 선택하고 [데이터 계열 서식]−[채우기]에서 [주황색]을 선택한다.
- [한국] 막대만 선택하고 [데이터 레이블 추가]−[값]을 선택한다.

차트 보고서 핵심 요약

1. 차트를 보자마자 막대에 시선이 가도록 해주자.

▶ 막대 간격보다 막대 두께를 두껍게 설정해 막대에 시선이 가도록 만드는 것
   이 좋다.

2. 막대는 크기를 기준으로 내림차순으로 정렬해서 보여주자.

▶ 가장 값이 큰 막대를 위쪽에 배치하고 아래쪽으로 갈수록 내림차순으로 배치
   하면 순위를 파악하기 쉽다.

3. 음수와 양수는 구분해서 배치하자.

▶ 가로 막대 차트는 0을 기준으로 음수는 왼쪽에, 양수는 오른쪽에 배치하는 것
   이 좋다.

4. 수시로 바뀌는 데이터는 엑셀의 [조건부 서식] 기능을 활용하자.

▶ 데이터가 수시로 바뀌어 차트를 여러 번 만들어야 한다면 조건부 서식을 이용
   하는 것이 효율적이다.

깔때기형 차트의 기술

깔때기형 차트
만들기

엑셀 2019 버전에 등장한 깔때기형 차트는 가로 막대 차트에서 좀 더 시각적인 효과를
주는 차트이다. 깔때기형 차트는 가장 큰 값을 기준으로 점차 감소하는 내림차순 형태
로 보여준다. 이를 통해 얼마나 감소됐는지를 깔때기 형태로 표현한다.

다음 두 가지 차트는 영업지점의 매출액을 나타낸 차트이다. 매출액이 높은 곳부터 내
림차순으로 정렬돼 있다. 제일 위에 있는 막대가 매출액이 가장 높은 지점이고 아래
로 내려갈수록 2등, 3등순으로 배치된다. 이렇게 순위를 나타내는 것은 가로 막대 차
트나 깔때기형 차트 모두 동일하다.

다만, 1등을 기준으로 2등이 어느 정도 수준(%)인지는 〈차트 A〉보다 〈차트 B〉에서
더 확연하게 드러난다. 정확히 얼마나 차이가 나는지는 계산해봐야겠지만 막대형 형
태로만 봤을 때 〈차트 B〉에서 2등이 1등과 비교해 약 80% 정도 수준이라는 것을 쉽
게 확인할 수 있다.

이처럼 깔때기형 차트는 순위가 내려갈수록 얼마나 감소하는지를 확인하기 위한 차트이다.

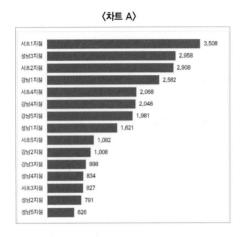

〈차트 A〉

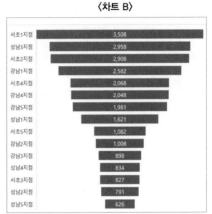

〈차트 B〉

그렇다고 깔때기형 차트를 꼭 내림차순으로 정렬할 필요는 없다. 〈차트 C〉를 보면 1등이 〈서초1지점〉이라는 것을 쉽게 확인할 수 있지만 어느 지점이 2등, 3등인지는 값을 보지 않으면 확인하기 어렵다. 그러나 1등인 〈서초1지점〉과 비교해서 2등, 3등의 비중이 어느 정도인지 확인하기 쉽다. 이처럼 깔때기형 차트는 순위보다는 비중을 보여주는 차트이다.

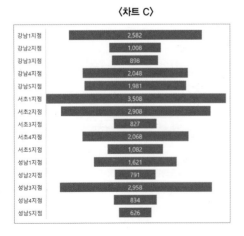

〈차트 C〉

원래 깔때기형 차트는 순위보다는 영업, 생산 등의 프로세스에서 감소되거나 증가되는 변화의 정도를 시각화하는 차트이다. 변화 정도를 파악해서 문제가 되는 단계를 파악하는 것이다.

예를 들어 OO 회사의 생산 공정이 A부터 F까지 여섯 개라고 하자. A공정을 거치면 B공정으로 가고, B공정이 완료되면 C공정으로 이어지는 식으로 F공정까지 완료돼야 완제품을 만들 수 있다. 〈차트 D〉를 보면 D공정의 생산량이 현저하게 낮은 것을 알 수 있다. D공정에 문제가 있다는 것이다. D공정으로 인해 E, F공정도 영향을 받기 때문에 D공정을 개선해야 한다. 이러한 문제점을 찾아내기 위해 시각적으로 나타내는 차트가 깔때기형 차트이다.

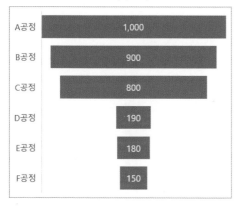

〈차트 C〉

공정	값
A공정	1,000
B공정	900
C공정	800
D공정	190
E공정	180
F공정	150

가로 막대 차트 [실습] 깔때기형 차트 만들기

예제 파일 PART02₩가로막대차트05_깔때기형차트만들기.xlsx

엑셀(2019년 버전 이후)에서 클릭 몇 번이면 깔때기형 차트를 만들 수 있다.

❶ 예제 파일을 불러오고 차트를 만들 데이터를 선택한 다음, ❷ 엑셀 메뉴에서 [삽입] 탭-[차트] 그룹-[깔때기형]을 클릭한다. 이후, 색상, 글꼴 등을 작성자가 원하는 방법으로 편집한다.

❶ 생산공정	작업수량
A공정	1,000
B공정	900
C공정	800
D공정	190
E공정	180
F공정	150

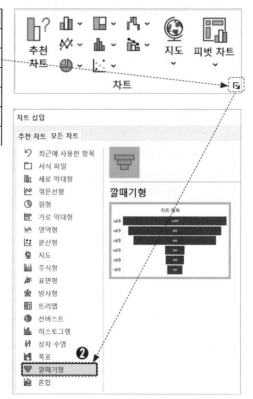

차트 보고서 핵심 요약

1. 깔때기형 차트는 순위와 비중의 차이를 동시에 보여준다.

▶ 깔때기형 차트는 가장 큰 값을 기준으로 점차 감소하는 형태(내림차순)로 보여줌으로써 얼마나 감소됐는지를 나타낼 때 유용하다.

방사형 차트의
기술

수치보다
느낌을 보여주자

순위를 나타내는 차트로 가로 막대 차트를 가장 많이 사용하지만, 항목 수가 많다면 방사형 차트를 사용하는 것이 좋다. 방사형 차트는 모양이 레이더를 닮았다고 해 레이더 차트(Radar Chart)라고 부르며, 거미줄 같이 생겼다고 해서 거미줄 차트(Spider Chart)라고도 한다.

가로 막대 차트는 정확한 수치를 가지고 순위를 비교하는 데 유용한 반면, 방사형 차트는 느낌으로 순위를 비교하는 데 유용하다. 즉, 방사형 차트는 수치보다는 느낌을 극대화한 차트이다.

예를 들어 우리 팀의 월별 매출액을 차트로 만든다고 가정해보자. 동일한 데이터를 가지고 〈차트 A〉는 가로 막대 차트로 만들었고, 〈차트 B〉는 방사형 차트로 만들었다. 〈차트 A〉는 막대 옆에 수치를 읽어야 4월, 6월에 매출액이 높다는 것을 확인할 수 있다. 〈차트 B〉는 선의 모양으로 4월, 6월에 매출액이 가장 높다는 것을 알 수 있다. 구체적인 수치가 필요하다면 별도의 코멘트를 넣는다.

〈차트 A〉

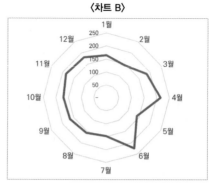

〈차트 B〉

방사형 차트는 변수가 여러 개일 때 더 유용한다. 다음 사례를 보자. 영업1팀과 영업
2팀의 월별 매출액을 비교했을 때 〈차트 C〉는 막대의 개수도 많고, 수치도 많아 쉽게
비교하기 어려운 반면, 〈차트 D〉는 영업2팀은 7월, 8월, 9월, 10월, 11월에 매출액이
높고 나머지는 영입1팀이 매출액이 높다는 것을 한눈에 확인할 수 있다. 이처럼 방사
형 차트는 여러 변수(계열)의 항목별 순위를 비교하기 좋은 차트이다.

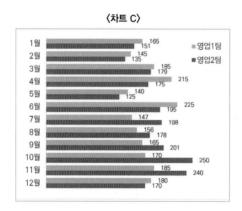

〈차트 C〉

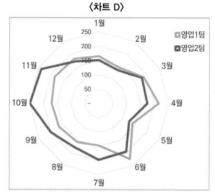

〈차트 D〉

레이블과 표식을 이용하자

방사형 차트는 수치보다는 느낌으로 비교하다 보니 상대적으로 높다는 건 알아도 정확한 수치는 확인하기 어렵다. 이를 보완하기 위해 레이블을 활용하면 좋다.

〈차트 A〉는 성별에 따른 야식 선호도를 비교하는 방사형 차트이다. 야식의 종류를 항목으로 배치하고 남자의 선호도는 파란색 선, 여자의 선호도는 빨간색 선으로 작성했다. 이렇게 하면 치킨의 경우 여자가 남자보다 선호도가 높다는 것을 쉽게 비교할 수 있다. 그러나 정확한 선호도 차이를 확인하기는 어렵다.

이럴 때 사용하는 기능이 레이블이다. 〈차트 B〉처럼 레이블을 달아주면 보는 사람은 정확한 수치를 파악할 수 있다. 하지만 레이블을 넣는 바람에 차트가 복잡해졌다. 레이블을 사용할 때는 가급적 레이블이 먼저 보이게 하지 말고, 〈차트 B〉와 같이 글자 크기를 줄여 필요할 때만 찾아보게 하는 것이 좋다. 레이블을 표시할 때는 선 색상과 동일한 색상으로 사용하자. 그래야 수치를 확인하기 쉬워진다.

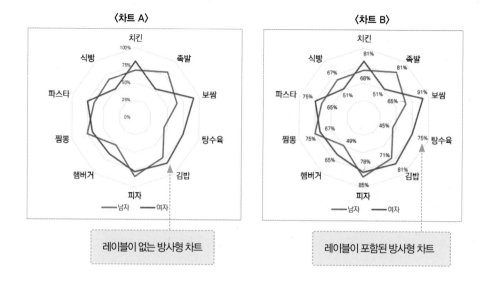

〈차트 A〉

레이블이 없는 방사형 차트

〈차트 B〉

레이블이 포함된 방사형 차트

방사형 차트의 또 다른 장점은 선만으로도 계열 간의 비교가 가능하는 점이다. 하지만 변수의 수가 많을 때는 표식을 통해 정확한 데이터의 위치를 표현해주는 것도 좋다. 〈차트 C〉는 선의 개수가 많아서 데이터의 정확한 위치를 확인하기 어렵다. 반면 〈차트 D〉는 데이터의 위치를 표식으로 표현해줌으로써 비교가 용이하다.

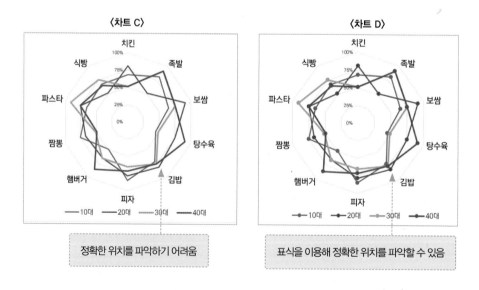

〈차트 C〉

정확한 위치를 파악하기 어려움

〈차트 D〉

표식을 이용해 정확한 위치를 파악할 수 있음

방사형 차트 [실습] 차트 선에 표식 달아주기

예제 파일 PART02₩방사형차트01_표식달아주기.xlsx

❶ 예제 파일을 불러오고 표식을 달아줄 선을 선택한 다음, 마우스 오른쪽 버튼을 클릭해 [데이터 계열 서식]을 선택한다. ❷ [데이터 계열 서식] 작업 창의 [표식]−[표식 옵션]에서 표식 모양과 크기를 선택한다. 여기서 형식은 ■, 크기는 **10**으로 설정했다.

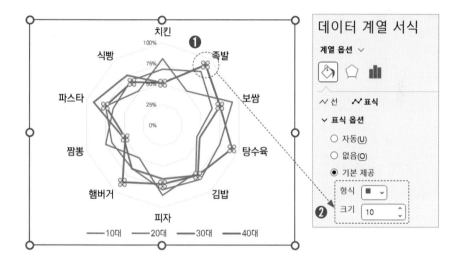

면적으로
보여주자

차트는 최대한 단순하게 만들어야 한다. 이는 항목 수를 줄이거나 데이터를 빼라는 것이 아니라 메시지를 단순화하라는 의미다.

〈차트 A〉는 회색이 보이는 항목(족발, 피자, 짬뽕, 식빵)은 남자 선호도가 높고, 주황색이 보이는 항목(보쌈, 탕수육, 김밥, 햄버거, 파스타, 치킨)은 여자 선호도가 높다는 메시지만 전달하고 있다. 메시지 전달에 방해되는 데이터의 값, 위치(표식) 등은 다 빼버렸다. 이렇게 선보다 면적만 보여주면 1등만 보여주는 형태가 된다.

1등만 보여주는 것이 아쉽다면 투명도를 이용하자. 〈차트 B〉는 영역 색상의 투명도를 이용해 남자와 여자의 선호도(값)의 차이를 확인할 수 있게 했다. 다만, 〈차트 B〉는 두 개의 변수(남자, 여자)라서 쉽게 구분이 가능하지만, 변수가 많으면 헷갈릴 수가 있으니 주의해서 사용하자.

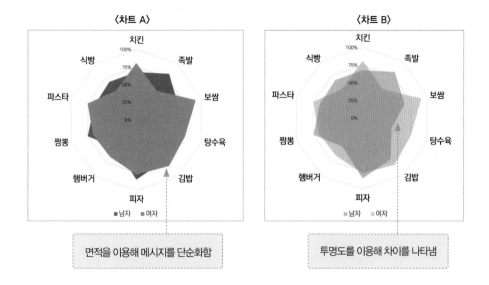

〈차트 A〉

면적을 이용해 메시지를 단순화함

〈차트 B〉

투명도를 이용해 차이를 나타냄

방사형 차트 [실습] 차트 면에 투명도 조정하기

예제 파일 PART02\방사형차트02_투명도조정하기.xlsx

❶ 예제 파일을 불러오고 투명도를 적용할 면을 선택한 다음, ❷ 마우스 오른쪽 버튼을 클릭해 [데이터 계열 서식]을 선택한다.

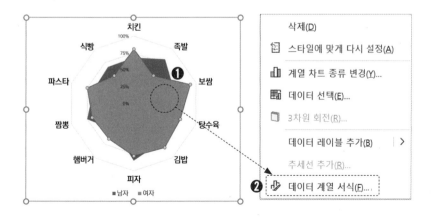

❸ [데이터 계열 서식] 작업 창에서 [표식]−[채우기]에서 [단색 채우기]를 선택한다. 원하는 색을 선택한 다음, [투명도]에서 원하는 비율을 선택한다. 앞에서 살펴본 〈차트 B〉는 투명도를 **60%**로 설정했다.

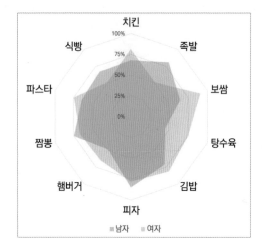

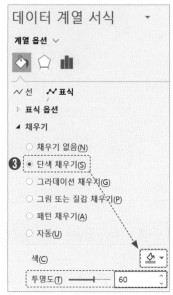

차트 문제 풀이

다음은 잘못된 예시이다. 아래 실습 문제를 통해 더 효과적으로 보이도록 수정 해보자.

실습 1. 선의 색 구분하기(남자 파란색, 여자 빨간색)

실습 2. 표식 달아주기(남자 ■, 여자 ●)

실습 3. 표식 크기 조절하기(남자 10, 여자 10)

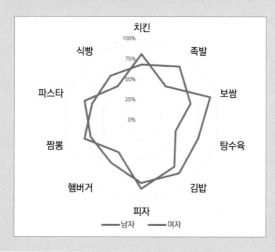

- 선마다 색을 달리하면 구분하는 데 효과적이다.
  ———————— 방사형 차트 01(165쪽)
- 표식을 이용하면 점의 위치를 정확하게 파악할 수 있다.
  ———————— 방사형 차트 02(167쪽)

차트 문제 풀이

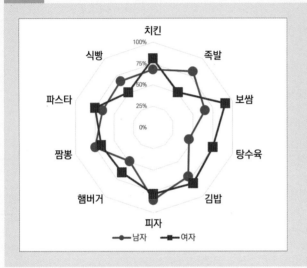

- 선을 선택하고 [데이터 계열 서식]에서 [선]의 색을 남자는 파란색, 여자는 빨간색으로 변경한다.
- 선을 선택하고 [표식]-[표식 옵션]에서 형식과 크기를 조정한다.
- 남자(형식 ■, 크기 10), 여자(형식 ●, 크기 10)

차트 보고서 핵심 요약

1. 방사형 차트는 수치보다 느낌을 보여주는 차트이다.

▶ 방사형 차트는 느낌을 통해 순위를 비교하는 데 유용하다. 즉, 방사형 차트는 수치보다는 느낌을 극대화한 차트이다.

▶ 방사형 차트는 모양이 레이더를 닮았다고 해서 레이더 차트(Radar Chart)라고 하며, 거미줄 같이 생겼다고 해서 거미줄 차트(Spider Chart)라고도 부른다.

2. 레이블과 표식을 이용하면 정확한 위치를 가늠할 수 있다.

▶ 방사형 차트는 선만으로도 계열 간의 비교가 가능하다는 장점이 있지만 레이블과 표식을 이용해 정확한 데이터의 위치를 표현해주는 것도 좋다.

3. 선보다는 면적을 보여주면 직관적인 차트를 만들 수 있다.

▶ 차트에 너무 많은 정보를 담으면 오히려 보는 사람에게 혼동을 주기 때문에 면적을 이용하면 메시지를 직관적으로 보여줄 수 있다.

히스토그램 차트의
기술

히스토그램 차트 만들기

히스토그램은 한 개의 변수에 대한 빈도 분포를 나타내는 차트이다. 쉽게 말해 데이터를 구간으로 나눈 후 빈도수를 계산한 도수분포표를 차트로 나타낸 것이다. 주로 통계에서 많이 사용한다. 생김새는 세로 막대 차트와 비슷하지만, 그룹으로 묶어 막대들이 어떻게 분포되어 있는지를 보여주는 용도로 사용된다. 세로나 가로 형태로 만들 수 있고 주로 세로 형태로 만든다. 엑셀에서는 세로 막대 형태로 만들 수 있다.

엑셀의 히스토그램 기능을 이용하면 데이터를 알아서 구간으로 나눠주고, 빈도수를 계산해서 차트를 만들어준다.

다음 표는 30명의 고객을 대상으로 만족도를 조사한 결과이다. 수치를 그냥 복잡하게 나열하고 있어 의미 없는 데이터이다.

80	45	58	90	45	58
67	86	65	40	86	65
85	90	75	52	90	75
90	40	72	0	40	100
65	52	52	65	52	35

이 데이터를 유의미하게 바꾸려면 0~20점은 몇 명이고 21~40점은 몇 명인지 구간을 나누어 빈도를 계산해 차트로 만들어야 한다.

막대 차트를 이용하면 엑셀 함수를 이용하든지 일일이 빈도수를 확인해 구간으로 나눠주고, 세로 막대 차트로 만들어야 한다. 데이터가 많아질수록 빈도수를 계산하는 시간이 더 걸린다. 이런 불편한 작업을 엑셀의 히스토그램으로 한번에 해결할 수 있다.

다음 차트를 보자. 엑셀에서 앞의 데이터를 가지고 클릭 몇 번만으로 히스토그램을 만들었다. 원하는 구간 개수만 지정해주면 자동으로 빈도수를 계산해서 차트로 그려준다.

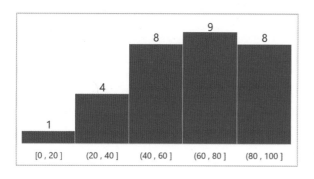

히스토그램 차트 [실습] 히스토그램 만들기

예제 파일 PART02₩히스토그램차트01_히스토그램만들기.xlsx

엑셀의 히스토그램 기능을 이용해 구간 나누기, 빈도수 계산, 차트 작성을 한 번에 해보자. 참고로 히스토그램 기능은 엑셀 2016 이상 버전에만 해당된다.

예제 파일을 불러오고 데이터 영역을 선택한다. 메뉴에서 [삽입] 탭-[차트] 그룹-[히스토그램]을 선택한다. ❶ 가로축을 선택하고 마우스 오른쪽 버튼을 클릭해 [축 서식]을 선택한다. ❷ [축 서식] 작업 창의 [축 옵션]에서 [계급구간 수]를 5로 지정한다. 이렇게 지정하면 [0-20], [20-40], [40-60], [60-80], [80-100]으로 자동으로 구간을 나누고 빈도수를 계산해준다. 참고로 [20~40]은 21부터 40까지를 말한다.

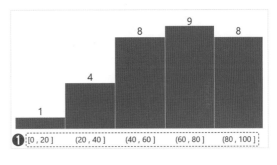

참고로 계급구간은 값으로도 설정할 수 있는데 [축 옵션]에서 [계급구간 너비]를 5로 해주면 데이터를 5점 단위로 나누어준다.

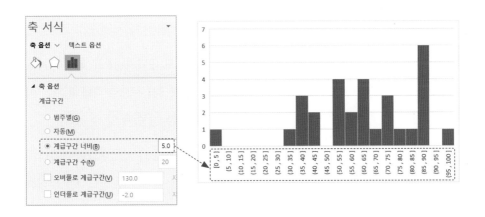

파레토 차트
만들기

파레토 차트는 파레토 원칙에 기반한 의사 결정에 도움을 주는 차트이다. 파레토 원칙이란 80/20 규칙이라고도 하는데 문제의 80% 정도가 20%의 원인에서 비롯된 결과라는 의미다. 파레토 원칙의 등장 초기에는 품질 관리나 생산 현장에서 불량 원인을 잡기 위해 사용됐다가 지금은 사회 전반에서 다양한 의사 결정을 할 때 사용되는 규칙이 됐다.

파레토 차트는 빈도수가 높은 구간을 왼쪽부터 오른쪽으로 내림차순으로 정렬한 차트이다. 더불어 구간의 빈도수가 차지하는 비중(%)을 누적해서 선으로 나타내준다. 이렇게 하면 상위 몇 개 구간이 전체의 몇 퍼센트를 차지하는지 쉽게 알 수 있다.

다음 예시는 고객 30명이 응답한 만족도를 다섯 개 구간으로 나누고 구간별로 응답빈도를 내림차순으로 정렬한 파레토 차트이다. 차트 내의 선은 구간의 빈도수를 누적해 전체 중에서 몇 퍼센트를 차지하는지 나타낸 것이다.

막대만 보면 고객 만족도 점수는 41~60점(10명)이 가장 많고, 61~80점(9명), 81~100점(6명), 21~40점(4명), 0~20점(1명) 순서로 분포돼 있다. 선을 보면 고객 중에 약 70%는 41~60점과 61~80점 구간에 포함돼 있다. 히스토그램이 주지 못하는 메시지를 파레토 차트에서는 부가해서 설명해준다. 참고로 파레토 차트에서 만든 구간인 [40~60]은 41점부터 60점까지를 말한다.

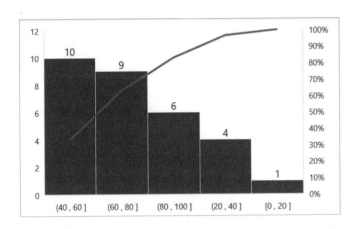

히스토그램 차트 [실습] 파레토 차트 만들기

예제 파일 PART02₩히스토그램차트02_파레토차트만들기.xlsx

파레토 차트를 작성하는 방법은 히스토그램과 매우 비슷하다. 참고로 파레토 차트는 엑셀 2016 이상 버전에만 해당된다.

❶ 예제 파일을 불러오고 데이터를 선택한다. 메뉴에서 [삽입] 탭-[차트] 그룹-[히스토그램]-[파레토 차트]를 클릭한다.

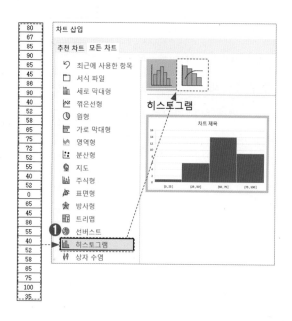

❷ 가로축을 선택하고 마우스 오른쪽 버튼을 클릭해 [축 서식]을 선택한다. [축 서식] 작업 창의 [축 옵션]에서 [계급구간 수]를 **5**로 지정한다.

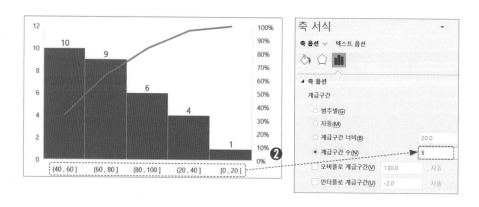

차트 보고서 핵심 요약

1. 히스토그램은 도수분포표를 차트로 나타낸 차트이다.

▶ 히스토그램은 한 개의 변수에 대한 빈도 분포를 나타내는 차트로 데이터를 구간으로 나눈 후 빈도수를 계산한 도수분포표를 차트로 나타낸 것이다.

2. 파레토 차트는 파레토 원칙에 기반한 의사 결정에 도움을 준다.

▶ 파레토 차트는 빈도수가 높은 구간을 왼쪽부터 오른쪽으로 내림차순으로 정렬한 차트로 구간별 빈도수가 차지하는 비중(%)을 쉽게 확인할 수 있다.

CHAPTER

05

히트맵 차트의
기술

히트맵 차트 만들기

히트맵 차트는 색의 변화로 데이터의 분포 현황을 쉽게 파악할 수 있게 도와주는 차트이다. 특히, 데이터가 많은 경우 색의 명암이나 변화만으로 어떤 값이 큰지 적은지를 쉽게 찾아낼 수 있어 활용 빈도가 높다.

히트맵 차트를 정교하게 만든다면 별도의 소프트웨어가 필요하겠지만, 엑셀의 [조건부 서식]을 이용하면 손쉽게 만들 수 있다. 특히 히트맵 차트는 데이터가 복잡해 차트를 보고서에 담기가 어려울 때 더 유용하게 사용된다.

예를 들어보자. 다음 표는 OO 기업의 대리점들의 월별 판매 현황을 집계한 데이터다. 숫자들이 빼곡하게 채워져 있다. 행을 기준으로 〈서초2지점〉의 판매실적이 몇 월에 가장 높은지 확인하려면 값을 일일이 대입하면서 번거롭게 찾아야 한다. 반면 열을 기준으로 11월에는 어느 지점의 판매실적이 가장 높은지 확인하기 어렵다.

시	구	지점명	월별 판매실적(대수)											
			1월	2월	3월	4월	5월	6월	7월	8월	9월	10월	11월	12월
서울시	서초구	서초1지점	80	80	80	80	80	70	60	80	80	100	75	100
		서초2지점	55	40	30	75	60	120	100	90	50	60	55	60
		양재1지점	40	90	50	55	40	30	75	60	100	40	50	60
		양재2지점	80	75	60	70	40	100	90	50	60	80	55	75
	송파구	송파1지점	75	55	40	30	80	40	90	50	60	75	40	55
		송파2지점	100	90	50	60	75	80	75	60	70	60	40	95
		석촌본점	30	75	75	60	100	75	55	40	55	40	100	75
	강남구	역삼본점	100	90	55	40	60	80	70	40	100	55	60	55
성남시	중원구	도촌지점	40	90	70	40	60	75	30	80	60	40	60	40
		상대원지점	75	60	30	80	70	60	40	55	60	40	75	40
	분당구	야탑지점	75	60	55	40	30	75	100	80	70	70	75	100
		이매지점	55	40	40	70	75	55	60	75	75	55	55	60
용인시	용인구	상현지점	70	40	40	30	60	40	60	55	75	40	60	40
	기흥구	기흥지점	30	80	40	75	75	60	40	60	40	40	75	40

아래 히트맵 차트를 보자. 판매실적에 따라 숫자가 가장 큰 셀에 빨간색을 진하게 표시하고, 숫자가 작아질수록 연하게 표시해 색에 변화를 주었다.

가장 작은 값   가장 큰 값

이렇게 하면 서초2지점은 6월(진한 빨간색)에 가장 높은 판매실적을 보였고, 11월에 가장 높은 판매실적을 보인 지점은 석촌본점이라는 것을 쉽게 확인할 수 있다.

시	구	지점명	월별 판매실적(대수)											
			1월	2월	3월	4월	5월	6월	7월	8월	9월	10월	11월	12월
서울시	서초구	서초1지점	80	80	80	80	80	70	60	80	80	100	75	100
		서초2지점	55	40	30	75	60	120	100	90	50	60	55	60
		양재1지점	40	90	50	55	40	30	75	60	100	40	50	60
		양재2지점	80	75	60	70	40	100	90	50	60	80	55	75
	송파구	송파1지점	75	55	40	30	80	40	90	50	60	75	40	55
		송파2지점	100	90	50	60	75	80	75	60	70	60	40	95
		석촌본점	30	75	75	60	100	75	55	40	55	40	100	75
	강남구	역삼본점	100	90	55	40	60	80	70	40	100	55	60	55
성남시	중원구	도촌지점	40	90	70	40	60	75	30	80	60	40	60	40
		상대원지점	75	60	30	80	70	60	40	55	60	40	75	40
	분당구	야탑지점	75	60	55	40	30	75	100	80	70	70	75	100
		이매지점	55	40	40	70	75	55	60	75	75	55	55	60
용인시	용인구	상현지점	70	40	40	30	60	40	60	55	75	40	60	40
	기흥구	기흥지점	30	80	40	75	75	60	40	60	40	40	75	40

이처럼 히트맵 차트는 색의 변화로 데이터의 순위를 쉽게 파악할 수 있다. 색은 반드시 한 개만 사용할 필요는 없다. 차트를 보는 데 도움이 된다면 필요에 따라 다양한 색상을 사용하면 된다.

가장 작은 값　　　　　　　　　　　　　　　　　　　가장 큰 값

다음 차트는 중간값(흰색)을 기준으로 높으면 빨간색, 낮으면 파란색으로 표시해주었다. 빨간색 계열이 있는 셀은 중간 이상의 판매실적을 보인 셀이고, 파란색 계열이 있는 셀은 중간 이하의 판매실적을 보인 셀이라는 것을 쉽게 확인할 수 있다.

시	구	지점명	월별 판매실적(대수)											
			1월	2월	3월	4월	5월	6월	7월	8월	9월	10월	11월	12월
서울시	서초구	서초1지점	80	80	80	80	80	70	60	80	80	100	75	100
		서초2지점	55	40	30	75	60	120	100	90	50	60	55	60
		양재1지점	40	90	50	55	40	30	75	60	100	40	50	60
		양재2지점	80	75	60	70	40	100	90	50	60	80	55	75
	송파구	송파1지점	75	55	40	30	80	40	90	50	60	75	40	55
		송파2지점	100	90	50	60	75	80	75	60	70	60	40	95
		석촌본점	30	75	75	60	100	75	55	40	55	40	100	75
	강남구	역삼본점	100	90	55	40	60	80	70	40	100	55	60	55
성남시	중원구	도촌지점	40	90	70	40	60	75	30	80	60	40	60	40
		상대원지점	75	60	30	80	70	60	40	55	60	40	75	40
	분당구	야탑지점	75	60	55	40	30	75	100	80	70	70	75	100
		이매지점	55	40	40	70	75	55	60	75	75	55	55	40
용인시	용인구	상현지점	70	40	40	30	60	40	60	55	75	40	60	40
	기흥구	기흥지점	30	80	40	75	75	60	40	60	40	40	75	40

히트맵 차트 [실습] 히트맵 차트 만들기

예제 파일 PART02₩히트맵차트_히트맵차트만들기.xlsx

엑셀의 [조건부 서식]을 이용해 히트맵 차트를 만들어보자.

❶ 예제 파일을 불러오고 데이터를 선택한 다음, 엑셀 메뉴에서 [조건부 서식]을 선택한다. ❷ [조건부 서식] 메뉴에서 [색조]를 선택하고 원하는 색상을 선택한다. 색상은 최대 세 개까지 선택할 수 있고 변경도 가능하다.

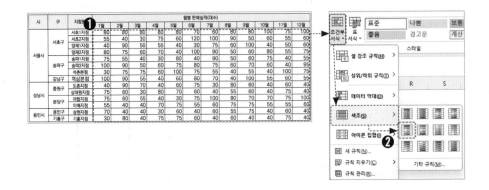

값을 지정해서 색을 표시할 것인지, 평균을 기준으로 표시할 것인지 등 변경이 필요하다면 [기타 규칙]을 선택해서 규칙을 변경한다.

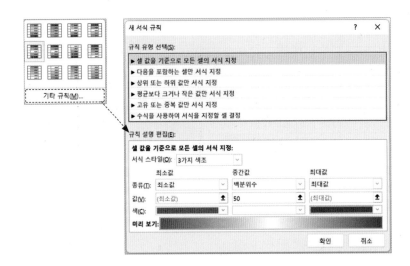

차트 보고서 핵심 요약

1. 히트맵 차트는 색의 변화만으로도 데이터의 순위를 파악할 수 있도록 도와
   주는 차트이다.

2. 복잡한 수치가 많은 데이터는 [조건부 서식] 기능을 활용하자.

▶ 히트맵은 차트를 별도로 만들 필요 없이 [조건부 서식]을 이용해 쉽게 만들 수
   있는 장점이 있다.

▶ 차트를 작성하는 데는 많은 시간과 노력이 들어가기 때문에 차트를 여러 번 만
   들어야 한다면 조건부 서식을 이용하는 것이 효율적이다.

CHAPTER
06

영역형 차트의
기술

영역형 차트 만들기

영역형 차트는 선 차트에서 선 아래 부분에 색을 넣어 나타낸 선 차트 응용 버전이다. 영역으로 표현하면 선 차트가 가진 추세보다는 순위를 강조할 수 있다.

예를 들어보자. 〈차트 A〉는 OO기업의 지점별 판매실적을 나타낸 꺾은 선형 차트이다. 지점별로 판매실적을 나타내는 선이 서로 교차하다 보니 월별로 어느 지점이 판매실적이 높은지 낮은지 파악하기가 어렵다. 지점별로 판매실적 추세(경향)을 보여주는데 중점을 두었다고 할 수 있다.

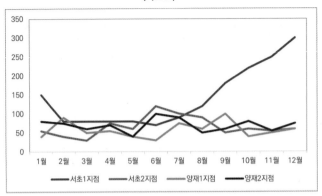

〈차트 A〉

▲ 선 차트는 순위보다는 추세(경향) 파악이 수월함

반면 〈차트 B〉는 동일한 데이터를 가지고 영역형 차트를 만든 것이다. 지점별 판매실적 추세(경향)보다는 영역을 통해 비중을 확인할 수 있다. 이때 중요한 항목을 맨 앞에 배치한다. 다음 차트에서는 양재2지점을 맨 앞에 배치했다. 이렇게 하면 양재2지점의 데이터가 앞쪽에 보이고, 뒤쪽에는 양재2지점보다 판매실적이 높은 지점만 영역으로 나타난다. 이처럼 영역형 차트는 영역을 통해 순위를 나타낸다.

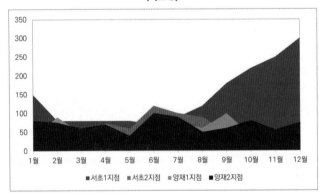

〈차트 B〉

▲ 영역형 차트는 순위 파악이 수월함

만약 서초1지점을 앞쪽에 배치하려면 영역의 배치 순서를 바꾼다. 〈차트 C〉는 서초1

지점을 맨 앞쪽에 배치한 것이다. 6월을 제외하면 서초1지점의 영역 색상인 파란색만 보인다. 이처럼 영역을 이용하면 서초1지점이 6월을 제외하고는 판매실적이 가장 높은 지점임을 쉽게 확인할 수 있다.

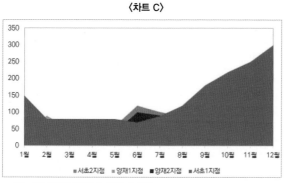

〈차트 C〉

▲ 보고 싶은 항목을 맨 앞에 배치할 수 있음

〈차트 C〉에서 갈색으로 표시된 양재2지점의 판매실적은 파란색으로 표시된 서초1지점에 가려져 6월을 제외하고는 확인하기 어렵다. 이를 해소하기 위해서는 영역의 [채우기] 색을 투명하게 바꿔준다.

〈차트 D〉는 서초1지점 색상의 투명도를 50%로 적용한 것이다. 비록 색상이 겹쳐서 명확하지는 않지만 양재2지점의 판매실적을 확인할 수 있다.

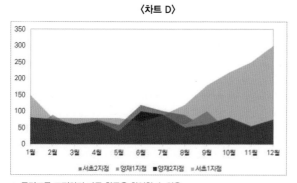

〈차트 D〉

▲ 투명도를 조정하면 다른 항목을 확인할 수 있음

영역형 차트 중 많이 사용되는 차트는 누적 영역형 차트이다. 이 차트는 항목별 값을 누적해서 보여주는 차트로 어느 항목의 비중이 큰지 작은지를 쉽게 파악할 수 있게 해준다.

지점별로 판매실적을 누적해서 보여주는 〈차트 E〉를 보자. 서초1지점의 판매실적은 OO 기업의 전체 판매실적에서 큰 비중을 차지하고 있다. 7월 이후 판매 비중이 확대되고 있음을 쉽게 확인할 수 있다. 영역형 차트 중 누적 영역형은 비중을 보여주는 차트라고 할 수 있다.

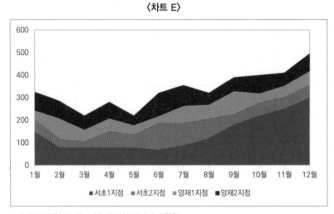

〈차트 E〉

▲ 누적 영역형 차트는 비중의 변화 파악이 수월함

영역형 차트 [실습] 영역 순서 바꾸기

예제 파일 PART02₩영역형 차트_영역순서바꾸기.xlsx

영역형 차트에서 중요한 영역을 맨 앞쪽에 배치하기 위해 영역의 순서를 바꿔보자.

❶ 예제 파일을 불러오고 차트의 영역을 선택한 다음, [삽입] 탭-[차트] 그룹에서 [영역형 차트]를 선택한다. 차트에서 마우스 오른쪽 버튼을 클릭해 [데이터 선택]을 선택한다.

지점명	월별 판매실적(대수)											
	1월	2월	3월	4월	5월	6월	7월	8월	9월	10월	11월	12월
서초1지점	150	80	80	80	80	70	90	120	180	220	250	300
서초2지점	55	40	30	75	60	120	100	90	50	60	55	60
양재1지점	40	90	50	55	40	30	75	60	100	40	50	60
양재2지점	80	75	60	70	40	100	90	50	60	80	55	75

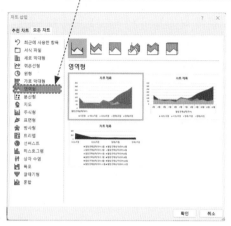

❷ [데이터 원본 선택] 대화상자의 [범례 항목]에서 항목의 순서를 바꾼다. 차트에서 맨 앞쪽에 배치할 항목을 아래쪽에 배치한다. 이때 항목들의 순서가 있다면 아래쪽부터 위쪽으로 순차적으로 배치한다.

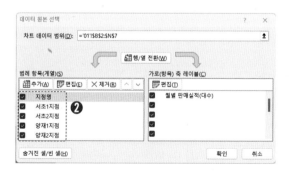

차트 보고서 핵심 요약

1. 영역형 차트는 추세보다는 순위를 강조하는 데 유용하다.

▶ 영역형 차트는 선 차트에서 선 아래 부분에 색을 넣어 영역으로 보여주는 차트이다.

2. 영역형 차트 중 누적 영역형은 순위보다는 비중을 강조할 때 유용하다.

PART
03

비중(비율)을
보여주는 차트

CHAPTER
01

원 차트의
기술

원 차트의 조각 수는
다섯 개 이하가 좋다

원 차트는 비중이나 비율을 나타내는 대표적인 차트로 선 차트, 막대 차트보다 많이 사용된다. 원 차트는 항목들의 값을 합산해 한정된 공간인 원을 기준으로 나누어, 항목별로 차지하는 정도를 조각 형태로 보여준다. 조각의 합이 원 전체인 100%를 나타내기 때문에 다른 차트와 달리 원 차트는 축의 눈금 표시를 하지 않는다.

그러나 원 차트는 많은 항목을 표시하지 못한다는 단점이 있다. 항목이 많으면 차트가 어수선하게 돼 비중의 차이를 확인하기 어렵기 때문이다.

예를 들어보자. 다음 왼쪽 차트는 항목 수가 많다 보니 상위 다섯 개를 제외하고는 비율값도 잘 안보이고 차트가 어수선하다. 원 차트의 항목 수는 다섯 개 이하가 적절하다. 표시해야 할 항목이 여섯 개 이상이라면 다섯 개 이후에는 기타로 묶어서 보여주는 것이 좋다.

이 원칙에 따라 오른쪽 차트처럼 다시 작성해보았다. 왼쪽보다 깔끔해진 것을 확인할 수 있다.

여기서 주의할 점은 여러 항목을 기타로 묶다 보니 기타의 비중이 커 보인다는 것이다. 이럴 때는 오해의 소지가 있으므로 기타로 묶인 항목을 코멘트로 설명해준다.

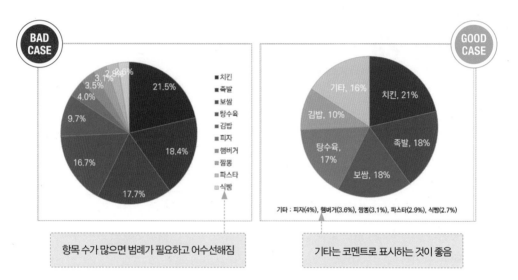

항목 수가 많으면 범례가 필요하고 어수선해짐

기타는 코멘트로 표시하는 것이 좋음

항목 수가 줄면 범례를 표시할 필요 없이 조각에 바로 레이블을 표시할 수 있다. 범례로 레이블을 표시하면 조각과 범례를 번갈아가면서 봐야 해서 집중력이 떨어진다. 그렇기 때문에 레이블을 조각에 바로 적는 것이 좋다. 보는 사람이 차트를 읽는 데 필요한 노력을 줄여주자.

앞서 설명한 것처럼 항목이 다섯 개를 초과하는 경우에는 기타로 묶어줘야 한다. 그리고 기타 항목을 코멘트로 표시하면 항목들의 비율을 알 수가 없다. 이럴 때는 기타의 항목을 별도의 보조 차트로 만들어주는 것이 좋다.

이런 차트를 '원형 대 원형 차트', '원형 대 막대 차트'라고 한다. 〈차트 A〉와 같이 원 차트(메인) 옆에 기타에 포함된 항목만 가지고 만들어진 원 차트(보조)를 그려주는 것을 원형 대 원형 차트라 한다.

한편, 〈차트 B〉와 같이 원 차트(메인) 옆에 기타에 포함된 항목만 가지고 만들어진 막대 차트(보조)를 그려주는 것을 원형 대 막대 차트라 한다. 이러한 방식을 이용하면 모든 항목을 하나의 차트 안에 담아낼 수 있다.

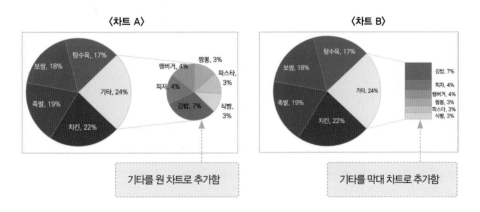

원 차트 [실습] 기타를 보조 차트로 만들기

예제 파일 PART03₩원차트01_보조차트만들기.xlsx

엑셀에서 기타를 원형 대 막대 차트로 만드는 방법에 대해서 알아보자.

❶ 예제 파일을 불러오고 데이터를 선택한 다음, ❷ 엑셀 메뉴에서 [삽입] 탭-[차트] 그룹-[원형 차트] 종류에서 [원형 대 가로 막대형]을 선택한다. 차트가 만들어졌으면 [차트 디자인] 탭-[색 변경] 그룹에서 색상을 바꾸자.

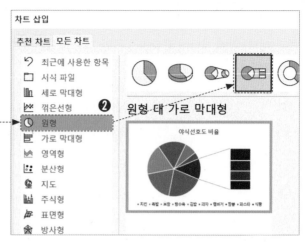

구분	야식선호도 비율
❶치킨	22.0%
족발	18.8%
보쌈	18.1%
탕수육	17.1%
김밥	7.5%
피자	4.1%
햄버거	3.6%
짬뽕	3.1%
파스타	2.9%
식빵	2.7%
합계	100.0%

❸ 원 차트와 막대 차트 두 개가 만들어질 것이다. 원 차트의 항목 수를 기타까지 포함해 여섯 개로 만들어야 한다. 차트의 조각을 선택하고 마우스 오른쪽 버튼을 클릭해 [데이터 계열 서식]을 선택한다. 그다음 [둘째 영역 값]에서 보조 차트(막대 차트)의 개수를 입력해 원 차트의 항목 수를 여섯 개 이하가 되도록 조정하면 된다.

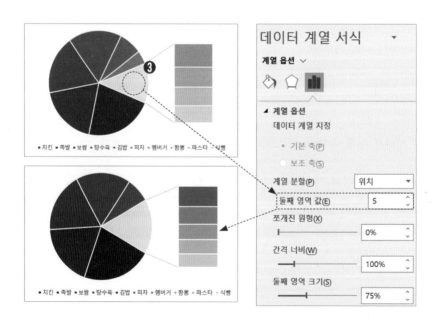

조각을 이용해
강조하자

원 차트는 항목들이 조각 형태로 되어 있어 붙이거나 떼어낼 수 있다. 주로 강조하고 싶은 조각만 떼어내서 보는 사람이 중요한 조각이라고 인식하게 한다. 그러나 모든 조각을 떼어내면 중요하게 읽히지 않는다.

다음 왼쪽 차트는 모든 조각이 떼어져 있어 중요한 조각이 어느 것인지 알 수 없으며, 차트가 정리되지 않고 어수선한 느낌을 준다. 오른쪽 차트에서는 강조할 부분 한 조각만 떼어내었다. 이렇게 하면 서울특별시가 중요하다는 점을 쉽게 알아차릴 수 있다.

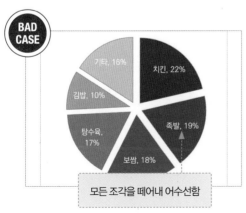

모든 조각을 떼어내 어수선함

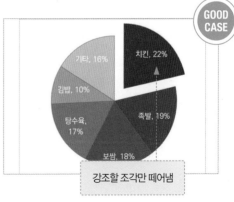

강조할 조각만 떼어냄

조각을 떼어낼 때 색상을 활용하면 보는 사람의 시선을 사로잡을 수 있다. 〈차트 A〉는 강조할 조각은 밝은 색상(주황색)으로 눈에 띄게 하고, 나머지 조각들은 흐린 색상(회색)으로 눈에 띄지 않게 했다. 앞의 차트와 비교했을 때 좀 더 눈에 잘 들어오지 않는가? 강조하고 싶은 항목이 한눈에 들어오고 나머지 항목도 확인할 수 있다.

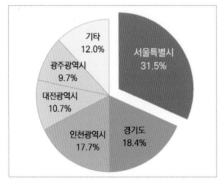

〈차트 A〉

▲ 색상을 이용해 조각을 강조함

강조하고 싶은 항목 하나만 보여주면 어떨까? 〈차트 B〉처럼 말이다. 강조할 항목 한 개만 제외하고 나머지 조각을 모두 합치면 배경 이미지 느낌을 준다. 비록 나머지 항목에 대한 비중을 차트에서 확인할 수 없지만, 내가 강조하고 싶은 항목 하나만큼은 명확하고 빠르게 전달할 수 있다.

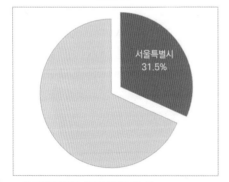

〈차트 B〉

▲ 한 조각만으로도 메시지 전달이 가능함

차트의 목적은 데이터를 있는 그대로 보여주는 것이 아니라 데이터를 통해서 전달하고 싶은 메시지를 담는 것이다. 자신이 말하고 싶은 메시지가 한 조각에 담긴다면 다른 부가적인 정보를 모두 지우고 한 조각만 보여주는 것도 좋다.

범례 대신 레이블을
조각 위에 넣자

보통 원 차트를 만들 때 수치(값)은 조각에 넣고, 레이블은 범례를 이용한다. 일반적으로 다음 차트와 같이 만든다. 이렇게 작성하면 보는 사람은 조각에서 수치를 확인하고 이 수치가 무엇을 말하고 있는지 범례를 보고 찾는다. 색으로 봤을 때 31.5%라는 값에 해당되는 조각이 서울을 의미한다는 것을 찾기 힘들다.

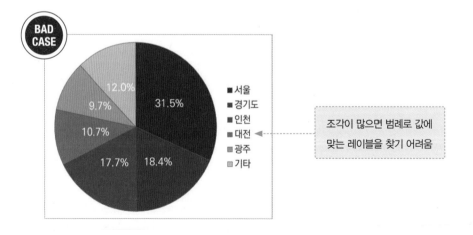

보통 보고서를 작성할 때 눈의 피로를 줄이기 위해 단색으로 명암만 조정해서 사용한다. 그러니 조각 개수가 많아지면 범례를 보고 찾기가 어렵다. 그렇다면 단색이 아니라 조각별로 다른 색을 사용하면 조각 레이블을 찾는 게 수월해질까?

다음 차트를 보자. 앞의 차트보다는 찾기가 수월해졌다. 하지만 다양한 색으로 인해 눈이 금방 피로해진다. 또한 컬러풀한 차트는 반드시 컬러 인쇄를 해야 한다는 불편함이 있다.

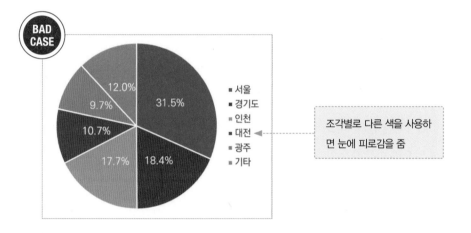

그래서 범례를 사용하는 것보다는 조각에 레이블과 값을 함께 달아주는 것이 좋다. 이렇게 하면 애써 범례를 찾아볼 필요도 없고 차트를 읽기도 쉬워진다.

다음 차트를 보자. 조각에 레이블과 값을 같이 넣었더니 차트가 쉽게 읽힌다. 또한, 조각들의 색이 비슷해도 상관없어졌다.

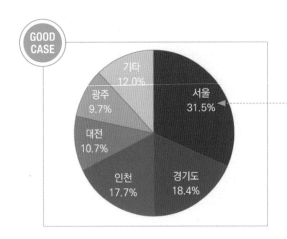

조각에 레이블과 값을 같이
달아주면 읽기 편함

레이블이 길어서 조각 안에 다 들어가지 않을 때가 있다. 이때는 조각 바깥쪽에 배치
하자. 그렇다고 하나의 조각만 바깥쪽에 배치하는 것이 아니라 모든 조각의 레이블을
바깥쪽에 배치해야 한다. 차트에서는 통일성이 중요하다. 어떤 것은 안에 있고, 어떤
것은 밖에 있으면 마무리가 안 된 듯이 보인다.

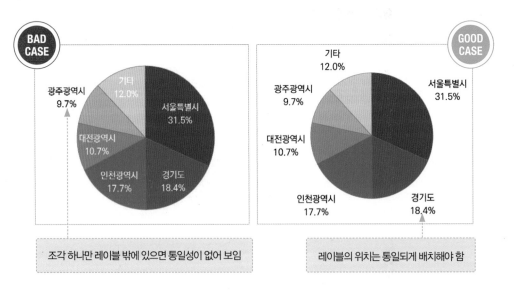

조각 하나만 레이블 밖에 있으면 통일성이 없어 보임

레이블의 위치는 통일되게 배치해야 함

조각 순서는
시계방향으로 배치하자

조각의 순서는 12시를 기준으로 시계방향으로 배치하는 것이 좋다. 작성자든 보는 사람이든 시계방향으로 읽는 것에 익숙하기 때문이다. 시계방향으로 배치할 때는 값의 크기에 따라 오름차순으로 배치해야 한다.

다음 차트를 보자. 시계방향으로 봤을 때 경기도(25%), 인천(16%), 서울(41%), 대전(10%), 광주(8%)순으로 배치되어 있다. 이렇게 들쑥날쑥하게 배치하면 보는 사람은 혼란스럽다. 보는 사람은 비중을 많이 차지하는 어느 지역이고, 다음은 어느 지역인지를 알고 싶어 한다.

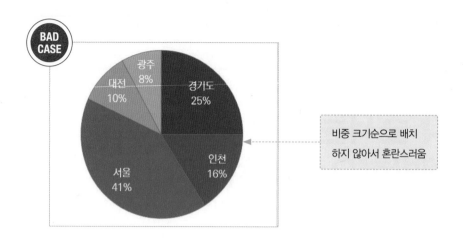

비중 크기순으로 배치
하지 않아서 혼란스러움

다음 차트를 보자. 다음 차트는 시계방향으로 서울(41%), 경기도(25%), 인천(16%), 대전(10%), 광주(8%)순으로 비중이 줄어드는 모습으로 배치돼 있다. 비중을 기준으로 내림차순으로 정렬돼 있는 것이다. 이렇게 작성하면 보는 사람은 자연스럽게 비중이 가장 큰 지역이 서울이고 다음은 경기도라는 것을 알 수 있다. 가장 자연스러운 형태다.

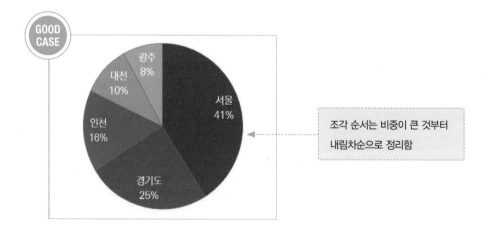

조각 순서는 비중이 큰 것부터
내림차순으로 정리함

그렇다면 시계방향을 기준으로 비중이 큰 조각부터 작은 조각으로 배치하는 내림차순과, 비중이 작은 조각부터 큰 조각으로 배치하는 오름차순 중 어느 것이 좋을까? 정답은 없다. 다만, 필자의 경험상 서양은 오름차순으로, 우리나라는 내림차순으로 배치하는 사례가 많았다.

모든 원 차트의 조각의 값을 기준으로 배치하는 것은 아니다. 나이, 연령과 같이 레이블의 순서가 있는 경우는 값이 아니라 레이블을 기준으로 조각을 배치해야 한다.

다음 차트를 보자. 고객의 연령 분포를 나타낸 차트이다. 시계방향 기준으로 41~60세(40%), 20세 이하(30%), 21~40세(12%), 80세 이상(10%), 61~80세(8%)순으로 배치됐다. 값을 기준으로 내림차순으로 배치해 연령대가 뒤죽박죽으로 되어 있다. 전체 연령대를 모두 체크했는지 의구심이 드는 차트이다. 연령대처럼 레이블의 순서가 있다면 보는 사람도 해당 레이블 순서를 기준으로 차트를 본다.

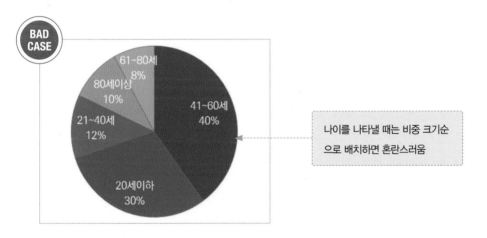

연령대와 같이 순서가 있는 레이블이라면 비중에 따른 조각의 크기와 관계없이 20세 이하(30%), 21~40세(12%), 41~60세(40%), 61~80세(8%), 80세 이상(10%)순으로 배치해야 한다. 이렇게 배치해야 보는 사람이 차트 전체를 보고 원하는 답을 찾아갈 수 있다.

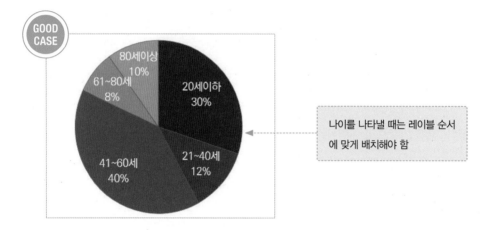

나이를 나타낼 때는 레이블 순서에 맞게 배치해야 함

조각을 비교할 때는
색상을 통일하자

두 개의 원 차트를 같이 사용할 경우 동일한 항목은 동일한 색상을 사용해야 한다. 그래야 보는 사람이 헷갈리지 않는다.

다음 차트를 보자. 코로나 이전과 이후의 지역별 매출 비중을 나타낸 차트이다. 두 차트의 항목은 같은데 비중 순서로 색상을 적용하다 보니 동일한 항목임에도 색이 달라졌다.

예를 들어, 왼쪽 차트에서는 서울이 파란색인데 오른쪽 차트에서는 빨간색이고, 왼쪽 차트의 경기도는 빨간색인데 오른쪽 차트에서는 녹색이다. 이렇게 하면 보는 사람은 일일이 레이블의 짝을 맞추어가며 봐야 하는 번거로움이 생긴다.

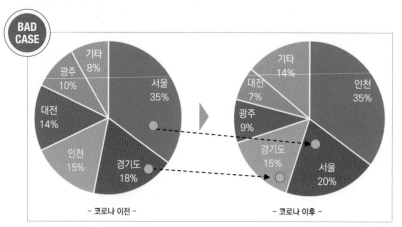

▲ 색상이 달라지면 비교하기 어려움

이럴 때는 다음 차트와 같이 순위가 아닌 항목을 기준으로 색상을 적용해야 한다. 이렇게 하면 색상만 가지고도 비중이 변화한다는 메시지를 보는 사람에게 전달할 수 있다.

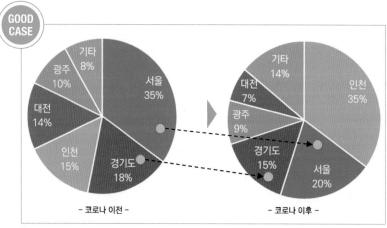

▲ 비교 대상끼리는 색상이 동일해야 함

차트 문제 풀이

다음은 코로나 전후의 비중의 변화를 표현한 잘못된 예시이다. 이 차트를 전후 비중의 변화가 더 효과적으로 보이도록 수정해보자.

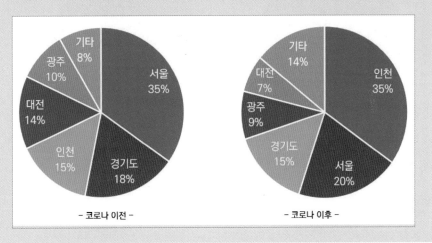

HINT

- 항목 수는 기타를 제외하고 다섯 개 이하로 구성하는 것이 좋다.
  ———————— 원 차트 01(199쪽)
- 조각의 순서는 크기에 따라서 시계방향으로 배치해야 한다.
  ———————— 원 차트 04(209쪽)
- 전후 비교 시 조각의 색깔이 동일해야 한다.
  ———————— 원 차트 05(213쪽)

차트 문제 풀이

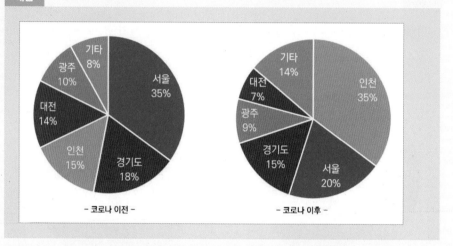

- 코로나 이전 -   - 코로나 이후 -

해설

- 항목 수는 다섯 개 이하가 가장 좋다. 항목 수가 다섯 개를 초과하는 경우 나머지 항목을 기타로 묶어주어 기타까지 포함해 여섯 개 이내가 되도록 바꿔주자.
- 조각의 색과 항목명이 서로 다르게 배치하면 헷갈릴 수 있다. 따라서 조각의 색은 항목명을 기준으로 이전과 이후가 동일해야 한다.
- 색은 이전 차트의 항목 색을 기준으로 이후 차트 색을 맞춰준다.
- 엑셀에서 원 차트를 만들면 자동으로 색상을 순서대로 배치해주기 때문에 번거롭더라도 색상을 통일시키는 작업을 별도로 해주자.

차트 보고서 핵심 요약

1. 원 차트를 만들 때 항목 수는 다섯 개 이하가 가장 적당하다.

▶ 항목이 많으면 차트가 어수선해져 비중의 차이를 확인하기 어렵기 때문이다.

▶ 표시해야 할 항목이 여섯 개 이상이라면 다섯 개 이후로는 기타로 묶어서 보여주는 것이 좋다.

2. 원 차트의 조각 위치를 달리해 중요한 점을 강조하는 것이 좋다.

▶ 조각을 떼어낼 때 색상을 활용하면 보는 사람의 시선을 사로잡을 수 있다.

3. 원 차트는 범례를 따로 두기보다는 조각에 달아주는 것이 좋다.

▶ 조각만 보고도 레이블과 값을 같이 확인할 수 있으면 범례를 확인해야 하는 번거로움이 사라진다.

4. 조각을 배치할 때는 12시 방향을 기준으로 크기에 따라 시계방향으로 배치하는 것이 좋다.

▶ 조각을 크기순으로 배치해야 보는 사람이 조각의 순위를 파악하기 쉽다.

도넛 차트의
기술

도넛 차트
만들기

원 차트를 응용한 차트로 도넛 차트가 있다. 도넛 모양처럼 생겼기 때문에 도넛 차트라고 부른다. 도넛 차트는 원 차트보다 시각적인 효과를 높여줘 쉽게 조각을 인식할 수 있게 해준다. 특히 〈차트 A〉처럼 도넛 차트의 중앙에 차트 제목을 넣을 수 있어 별도의 제목을 달아줄 필요가 없다.

〈차트 A〉

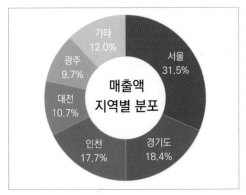

▲ 도넛 차트는 중앙에 차트 제목을 담을 수 있음

도넛 차트에서는 가운데 구멍의 크기를 조절할 수 있다. 〈차트 B〉는 [도넛 구멍 크기]를 20%로 설정한 것이다. 〈차트 A〉보다 가운데 구멍 크기가 작아져 차트 제목을 넣을 수는 없지만 조각은 상대적으로 커져 비교가 수월해졌다.

〈차트 B〉

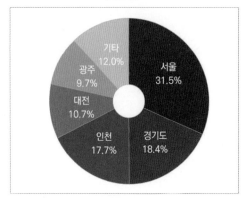

▲ 도넛 구멍 크기를 조정하면 조각의 크기 조절이 가능함

도넛 차트 [실습] 도넛 구멍 크기 조정하기

예제 파일 PART03₩도넛차트01_도넛구멍크기조정하기.xlsx

도넛 차트의 가운데 구멍의 크기를 조절함으로써 도넛의 면적을 조절할 수 있다. ❶ 예제 파일을 불러오고 조각 하나를 클릭한 다음, 마우스 오른쪽 버튼을 클릭해 [데이터 계열 서식]을 선택한다. ❷ [데이터 계열 서식] 작업 창의 [계열 옵션]−[도넛 구멍 크기]에서 원하는 크기를 입력한다.

다음 예시는 20%로 설정한 사례이다. 참고로 여기서 말하는 %는 원 크기의 비중을 말한다. 구멍의 비중이 크면 상대적으로 도넛 두께가 얇아진다.

또한, 〈차트 C〉와 같이 도넛 차트도 원 차트와 마찬가지로 조각을 떼어내 강조할 수 있다.

〈차트 C〉

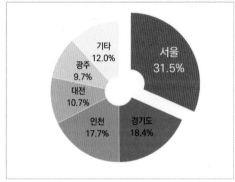

▲ 조각을 떼어내면 강조할 수 있음

〈차트 D〉는 한 조각만 남겨두고 나머지 조각은 통합해 자리만 남겨두었다. 그리고 보는 사람이 편안하게 조각을 볼 수 있도록 조정했다. 이렇게 하면 보는 사람은 해당 조각을 쉽게 기억할 수 있다.

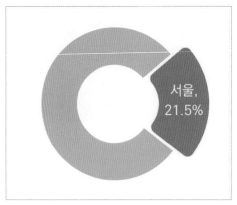

〈차트 D〉

▲ 한 조각만 강조하면 전달력이 높아짐

도넛 차트 [실습] 조각 위치(각도) 변경하기

예제 파일 PART03₩도넛차트02_조각위치변경하기.xlsx

도넛 차트는 조각의 각도를 조정해 조각의 위치를 설정할 수 있다. ❶ 예제 파일을 불러오고 각도를 조정할 조각을 클릭한 다음, 마우스 오른쪽 버튼을 클릭해 [데이터 계열 서식]을 선택한다. ❷ [데이터 계열 서식] 작업 창의 [첫째 조각의 각]에서 원하는 각도를 입력한다. 다음 예시는 **50%**로 설정한 사례이다. 참고로 조절할 수 있는 각도는 0~360도이다.

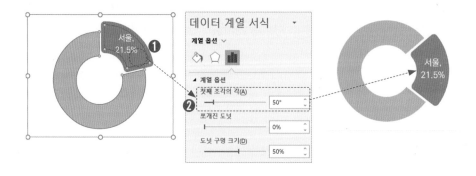

〈차트 E〉와 〈차트 F〉는 디자인을 추가한 사례이다. 이런 차트를 인포그래픽 차트라고 부른다. 포토샵과 같은 디자인 툴을 활용하지 않아도 엑셀을 통해 인포그래픽 차트를 만들 수 있다.

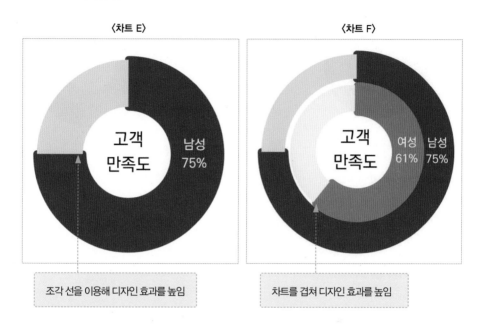

도넛 차트 [실습] 도넛 두께 조정하기

예제 파일 PART03₩도넛차트03_도넛두께조정하기.xlsx

특정 조각의 두께를 조절하면 입체 형태로 디자인이 들어간 도넛 차트를 만들 수 있다.

❶ 예제 파일을 불러오고 바꾸고 싶은 도넛 조각을 더블클릭한 다음, 마우스 오른쪽 버튼을 클릭해 [데이터 요소 서식]을 선택한다. ❷ [데이터 요소 서식] 작업 창의 [계열 옵션]−[테두리]에서 조각의 색과 동일한 [색]을 지정하고, [너비]를 설정한다.

다음 예시는 [너비]를 **15pt**로 설정한 사례이다. [테두리]의 [너비]를 넓게 하면 입체
적인 느낌을 줄 수 있다.

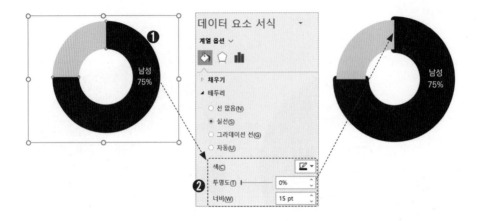

반원 도넛 차트 만들기

도넛 차트의 다른 형태로 원의 절반만 나타내는 반원 도넛 차트가 있다. 반원 도넛 차트는 공간을 효율적으로 활용한 차트이다. 원 차트보다 보는 사람의 시선의 폭을 좁혀줄 수 있기 때문이다.

반원 도넛 차트는 도넛 차트보다 차트를 만드는 데 더 많은 노력이 필요하다. 또한 도넛 차트보다 시각적인 효과를 높여준다. 그래서 반원 도넛 차트는 보고서보다는 차트를 꾸며야 하는 발표 자료에 적합하다.

〈차트 A〉처럼 모든 항목을 표시하는 형태가 기본적이다. 도넛 차트에서 조각의 비중의 합이 100%라면 반원 도넛 차트는 반원의 합을 100%로 만든다. 이렇게 하면 원이 가진 공간적인 부담을 덜 수 있다. 비중의 크기는 사람의 시선 흐름에 따라 왼쪽부터 오른쪽으로 내림차순으로 정렬하는 것이 좋다. 중요한 항목은 왼쪽에 배치한다.

〈차트 A〉

▲ 반원 형태로 만들면 시선의 폭을 줄일 수 있음

만약 특정 항목 한 개를 강조하고 싶다면 〈차트 B〉처럼 만들어도 좋다. 하나의 차트에 하나의 메시지를 담는 것이다. 이렇게 작성하면 보는 사람은 자신이 관심 있는 조각만 집중해서 볼 수 있다.

〈차트 B〉

▲ 한 조각만 집중해서 볼 수 있음

반원 도넛 차트는 디자인을 강조한 차트이다. 〈차트 C〉는 조각 테두리의 굵기를 이용해 값을 나타내는 조각을 배경 조각보다 두껍게 만들었다. 이렇게 하면 입체감을 줄 수 있다. 조각에 있는 항목명을 반원 구멍에 배치하고 조각 안의 값의 크기를 키우면 수치를 쉽게 읽을 수 있다.

〈차트 C〉

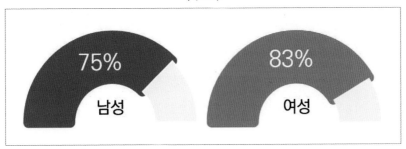

▲ 테두리를 이용하면 입체감을 줄 수 있음

또한, 레이블의 값을 구멍에 배치하면 데이터값이 바뀔 때마다 자동으로 조각의 크기가 바뀐다. 〈차트 D〉와 같은 차트는 자동차 계기반 모양을 닮았다고 해서 게이지 차트라고 부르기도 한다.

〈차트 D〉

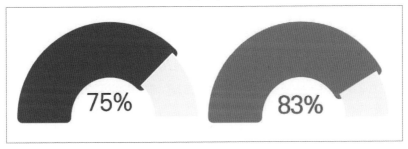

▲ 레이블(값)을 이용하면 조각의 크기가 자동으로 변경됨

도넛 차트 [실습] 반원 도넛 차트 만들기

예제 파일 PART03₩도넛차트04_반원도넛차트만들기.xlsx

반원 도넛 차트를 만들기 위해서는 도넛 차트를 먼저 만든 후에 몇 가지 편집을 해야한다.

예제 파일을 불러오고 데이터를 선택(합계 포함)한 다음, 엑셀 메뉴에서 [삽입] 탭-[차트] 그룹-[원형 차트]를 클릭하고 [도넛형] 차트를 선택한다. ❶ 아무 차트 조각을 선택하고 마우스 오른쪽 버튼을 클릭해 [데이터 계열 서식]을 선택한 다음, ❷ [데이터 계열 서식] 작업 창의 [첫째 조각의 각]을 **270°**, [도넛 구멍 크기]를 **50%**로 입력한다. 각도를 바꾸는 이유는 합계 조각(100%)을 아래쪽으로 숨기기 위해서다.

❸ 아래쪽에 있는 합계 조각을 더블클릭한 다음, [채우기 없음]과 [선 없음]을 선택해 채우기와 테두리를 모두 제거한다. 이후 범례를 삭제하고 조각에 레이블을 추가한다. 보고서나 PPT에 해당 차트를 넣을 때는 아래쪽 조각은 빼고 반원만 캡처해 사용한다.

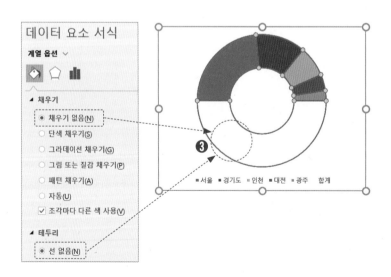

차트 보고서 핵심 요약

1. 도넛 차트는 원 차트보다 시각적인 효과를 높여준다.

▶ 도넛 차트는 시각적인 효과를 높여 보는 사람이 조각을 쉽게 인식할 수 있다.

▶ 도넛 구멍에 차트 제목을 넣을 수 있어 별도의 차트 제목을 달 필요가 없다.

2. 반원 도넛 차트는 공간을 효율적으로 사용할 수 있다.

▶ 차트에 표현될 항목을 반원에 담아서 보는 사람의 시선의 폭을 원 차트보다
줄일 수 있다.

CHAPTER

03

선버스트 차트의
기술

선버스트 차트 만들기

선버스트 차트는 데이터가 차지하는 비중을 면적으로 나타내는 차트이다. 생김새는 도넛 차트와 비슷하나, 하나의 품목만 보여주는 도넛 차트에 비해 선버스트 차트는 계층까지도 나타낼 수 있다. 선버스트 차트는 엑셀 2016부터 사용할 수 있다.

선버스트 차트는 특정 조각이 차지하는 비중과 데이터의 구조까지 쉽게 확인할 수 있다는 장점이 있다. 그러나 계층 구조를 보여줄 필요가 없다면 굳이 선버스트 차트를 사용하지 않아도 된다. 계층이 하나일 때는 도넛 차트만으로도 충분하다. 차트는 단순해야 하기 때문이다.

다음 표를 보자. 대리점별 판매현황을 정리한 표다. 도시—구—지점으로 3단계 계층 구조를 가지고 있다.

도시	구	지점	판매대수
서울시	서초구	서초1지점	1,000
		서초2지점	750
		양재1지점	750
		양재2지점	500
	송파구	송파1지점	1,130
		송파2지점	658
		석촌본점	457
	강남구	역삼본점	3,000
성남시	중원구	도촌지점	500
		상대원지점	470
	분당구	야탑지점	800
		이매지점	980
용인시	용인구	상현지점	423
	기흥구	기흥지점	1,000

다음 차트는 앞의 표를 선버스트 차트로 만든 것이다. 선버스트는 안쪽에서 바깥쪽으로 차트를 봐야 한다. 계층구조로 이루어져 있기 때문에 안쪽이 가장 높은 계층이고 밖으로 나갈수록 하위 계층이 된다. 데이터값은 맨 마지막 하위 계층에만 표시된다.

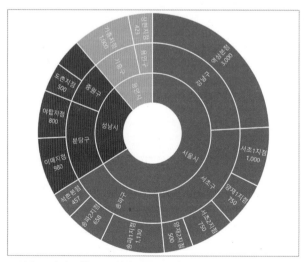

▲ 선버스트 차트는 계층구조를 쉽게 표현할 수 있음

도넛 차트 [실습] 선버스트 차트 만들기

예제 파일 PART03₩도넛차트05_선버스트차트만들기.xlsx

엑셀에서 선버스트 차트를 만드는 방법은 매우 간단하다.

❶ 예제 파일을 불러오고 데이터를 클릭한 다음, 엑셀 메뉴에서 [삽입] 탭-[차트] 그룹-[선버스트 차트]를 선택한다.

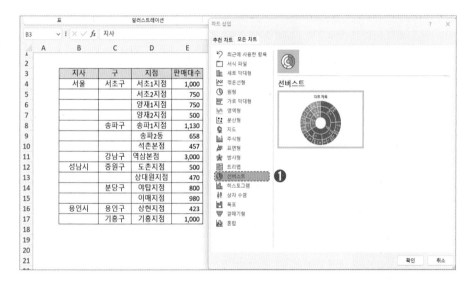

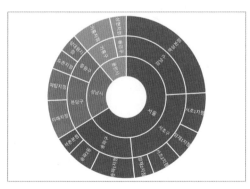

❷ 자동적으로 [값] 표시가 안 돼 있기 때문에 레이블을 선택하고 ❸ [데이터 레이블 서식] 작업 창에서 [값]만 체크해준다.

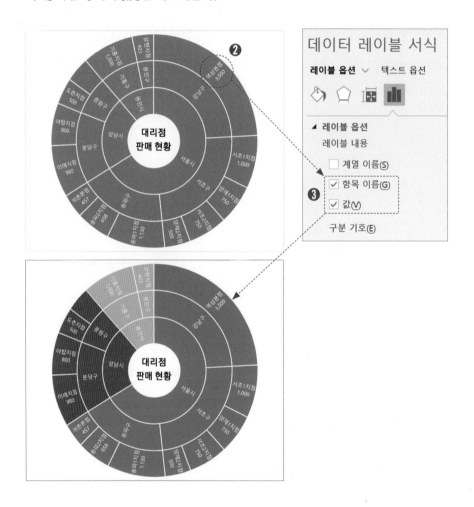

차트 보고서 핵심 요약

1. 선버스트 차트는 데이터가 차지하는 비중을 면적으로 나타내는 차트이다.

▶ 도넛 차트와 비슷하지만 품목뿐만 아니라 계층까지도 나타내고자 한다면 도 넛 차트보다 선버스트 차트가 유용하다.

▶ 선버스트 차트는 특정 조각이 차지하는 비중과 데이터의 구조까지 쉽게 확인 할 수 있어 편리하다.

CHAPTER

04

누적 막대 차트의
기술

변화가 적은 항목은
아래에 배치하자

누적 막대 차트는 비중을 보여줄 때 원 차트 다음으로 많이 사용되는 차트이다. 누적 막대 차트는 세로형과 가로형 두 종류가 있다. 세로형은 시간의 흐름을 강조하면서 항목별 비중의 차이를 보여줄 때 사용하고, 가로형은 순위를 강조하면서 항목별 비중의 차이를 보여줄 때 사용한다.

다만, 세로형이든 가로형이든 누적 막대 차트의 목적은 비중의 변화를 보여주는 것이기 때문에 보는 사람이 비중의 변화를 잘 파악할 수 있도록 만들어야 한다.

다음 차트를 보자. 연도별 매출액 변화와 비중의 변화를 같이 보여주기 위해 작성한 세로 누적 막대 차트이다. A제품의 비중의 변화를 파악할 수는 있지만 가장 비중이 큰 B제품을 중간에 배치하는 바람에 A제품의 비중의 변화를 한눈에 확인하기 어렵다. 마찬가지로 가장 변화가 적은 C제품의 비중의 변화도 확인하기 쉽지 않다. 세로 막대 차트는 비중이 가장 큰 항목의 변화를 가장 먼저 파악할 수 있어야 하는데 그렇지 못한 배치다.

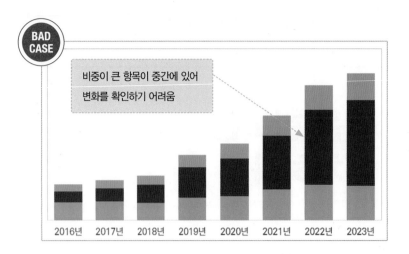

BAD CASE

비중이 큰 항목이 중간에 있어
변화를 확인하기 어려움

다음 차트를 보자. 비중 변화가 가장 적은 C제품을 맨 아래쪽에 배치해 다른 항목(A제품, B제품)의 비중의 변화를 확인하기가 쉬워졌다. 이렇게 비중의 변화가 큰 항목이 잘 보일 수 있도록 변화가 가장 적은 항목을 아래쪽에 배치하는 것이 좋다.

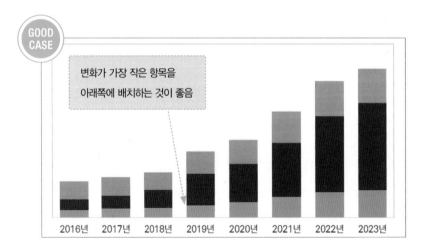

GOOD CASE

변화가 가장 작은 항목을
아래쪽에 배치하는 것이 좋음

앞의 차트는 막대 크기와 항목별 비중을 같이 보여주다 보니 항목별 막대의 높이가 서로 달라졌다. 앞의 차트가 잘못된 것은 아니지만 변화를 파악하기는 어렵다.

이럴 때 비중의 변화 하나만 집중해서 보여주려면 100% 기준 누적 막대 차트로 작성한다. 참고로 엑셀에서는 '100% 기준 누적 세로 막대형'이라고 불린다.

다음 차트를 보자. 막대 크기와 상관없이 항목별 비중의 합인 100%를 기준으로 비중만 표시했다. 비중의 변화를 앞의 차트보다 쉽게 파악할 수 있다.

〈차트 B〉처럼 변화가 가장 작은 항목을 아래쪽에 배치하는 것이 좋다. 이렇게 하면 보는 사람은 그 비중을 제외한 다른 항목을 먼저 읽기가 쉬워진다.

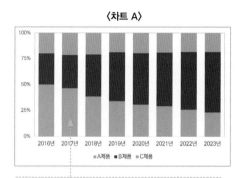

비중에 집중해서 보여 주면 변화를 파악하기 쉬움

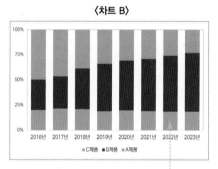

가장 변화가 작은 항목을 아래쪽에 배치

누적 막대 차트 [실습] 조각 순서 바꾸기

예제 파일 PART03₩누적막대차트01_조각순서바꾸기.xlsx

누적 막대 차트에서 조각 순서를 바꾸는 방법에 대해 알아보자. ❶ 예제 파일을 불러오고 데이터를 선택한다.

구분	2016년	2017년	2018년	2019년	2020년	2021년	2022년	2023년
A제품	50%	46%	39%	34%	31%	29%	26%	23%
B제품	30%	32%	40%	47%	50%	51%	56%	58%
C제품	20%	21%	21%	19%	20%	19%	19%	18%

❷ 엑셀 메뉴의 [삽입] 탭–[차트] 그룹–[세로 막대형]에서 [100% 기준 누적 세로 막대형] 차트를 클릭한다.

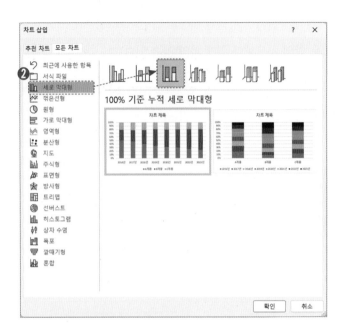

❸ 차트 조각을 선택하고 마우스 오른쪽 버튼을 클릭해 [데이터 선택]을 선택한다.

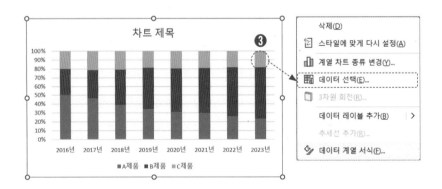

❹ [범례 항목(계열)]에서 옮기고 싶은 항목을 선택한 후 [∧]를 클릭해 순서를 바꾼다. 여기서 가장 위로 올리면 차트에서는 가장 밑으로 배치된다.

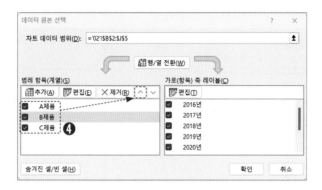

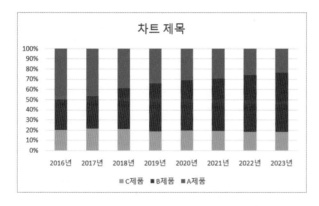

계열선을
이용하자

비중을 나타내는 대표적인 차트는 원 차트이다. 하지만 원 차트는 비중의 변화를 나타
낼 때는 적절하지 않다. 원이 동그랗게 생겨 같은 조각의 크기를 상세하게 비교하기
가 어렵기 때문이다. 비율의 변화를 나타낼 때는 누적 막대 차트를 사용하는 것이 좋
다. 누적 막대 차트는 항목들을 나란히 배치할 수 있어 짝을 맞추기가 쉽기 때문이다.

하지만 막대 수가 많거나 조각이 많아지면 동일한 조각을 찾기 어려워지기도 한다. 보
는 사람 입장에서는 눈대중으로 짝을 맞춰야 하는 불편함이 생긴다. 이럴 때는 계열
선을 표시해주면 좋다.

다음 〈차트 A〉를 보자. 계열선이 동일한 조각을 찾아주는 역할을 하기 때문에 조각을
쉽게 짝 맞춰 볼 수 있다.

〈차트 A〉

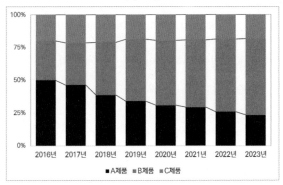

▲ 계열선을 표시하면 짝 맞추기가 쉬움

가로형 누적 막대 차트도 있다. 가로형은 순위를 강조하면서 세로형보다 많은 항목을 보여줄 수 있다.

〈차트 B〉   〈차트 C〉

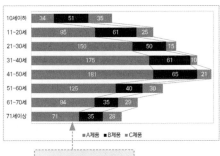

누적 막대 차트 [실습] 계열선 넣기

예제 파일 PART03₩누적막대차트02_계열선넣기.xlsx

누적 막대 차트에서 조각 순서를 바꾸는 방법에 대해 알아보자. ❶ 예제 파일을 불러
오고 데이터를 선택한 다음, 엑셀 메뉴에서 [삽입] 탭-[차트] 그룹-[세로 막대형]을
클릭하고 [100% 기준 누적 세로 막대형] 차트를 선택한다.

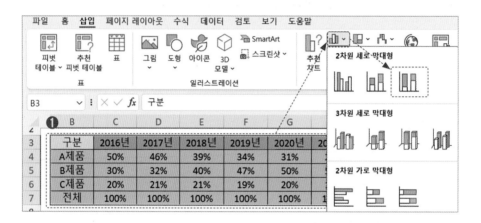

❷ 차트 조각을 클릭하고 메뉴에서 [차트 디자인] 탭-[차트 레이아웃] 그룹-[차트 요
소 추가]를 선택한다. [선]-[계열선]을 선택하면 조각 사이에 연결선이 생긴다.

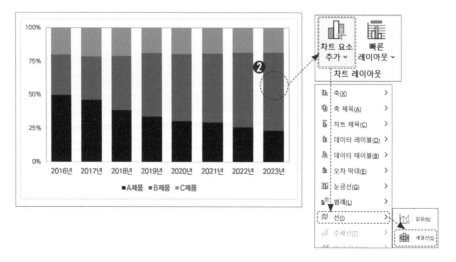

범례보다
텍스트 상자 활용하기

범례는 차트에 그려진 막대나 조각의 이름을 한쪽에 배치한 것이다. 막대에 이름을 넣어 차트가 복잡해지는 것을 방지하기 위해 범례를 사용한다. 하지만 레이블 수가 적다면 굳이 범례를 사용할 필요는 없다.

다음 차트를 보자. 막대나 항목 수가 적은데 굳이 범례를 만들어 한쪽에 배치했다. 이렇게 범례를 몰아두면 보는 사람은 범례를 일일이 확인해가면서 막대를 보기 때문에 불편하다.

다음 차트에서는 범례를 제거하고 조각 이름을 막대 사이에 배치했다. 시선이 가는 곳에 항목명을 배치하면 시선이 이동하는 횟수를 줄일 수 있고 범례를 따로 찾지 않아 편리하다.

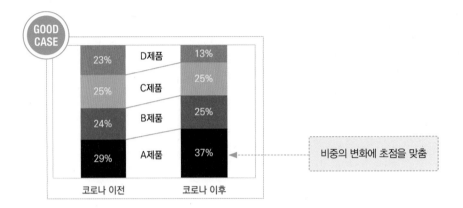

항목 수가 적다면 세로형보다 가로형이 좋다. 가로형은 공간을 줄일 수 있다는 장점이 있다. 또한, 비중의 변화도 쉽게 파악할 수 있다. 이러한 이유로 실무에서는 항목 수가 적을 때는 가로형 누적 막대 차트를 선호한다.

〈차트 A〉를 보면 코로나 전후의 데이터를 위아래로 나란히 배치했다. 〈차트 A〉의 목적은 코로나 전후의 변화를 알기 위한 것이므로 막대가 두 개만 있으면 된다. 이처럼 가로형 누적 막대 차트는 기사나 발표 자료와 같이 빠르게 핵심만 보여줄 때 많이 사용한다.

〈차트 A〉

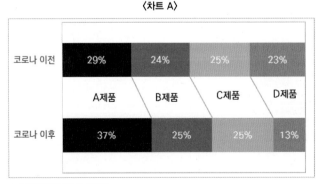

▲ 가로형은 공간을 덜 차지함

색상을 이용해
전달력을 높이자

누적 막대 차트는 기본적으로 막대가 많고, 막대별 항목도 많다. 이처럼 많은 막대와 막대별 항목을 확실히 구분하기 위해 다양한 색상을 사용한다. 한 가지 색상에 명암을 이용한다고 해도 색상이 다양해지는 것은 비슷하다.

다음 차트를 보자. 막대별로 조각이 여섯 개씩 있어 다양한 색상을 사용했다. 이렇게 다양한 색을 사용하면 어느 조각에 집중해야 하는지 혼란스럽고 눈에 피로가 생긴다.

〈차트 A〉

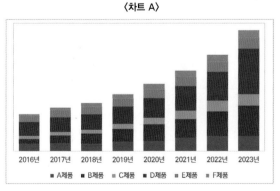

▲ 다양한 색상으로 집중력이 떨어지고 눈이 피로해짐

이 조각들 중에서 분명 작성자나 보는 사람이 원하는 조각이 있을 것이다. 그 한 조각만 집중에서 보여주는 것이 더 좋다.

다음 차트는 강조색과 배경색을 나누어 작성한 것이다. 비중이나 변화가 가장 큰 D제품에만 특정 색상을 넣어 강조했다. 나머지 조각들은 회색을 넣으면 자연스럽게 강조색(주황색)이 있는 조각만 눈에 띈다.

〈차트 B〉

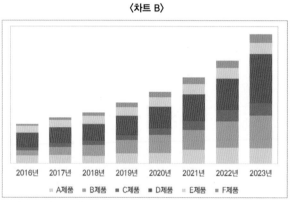

▲ 색상을 이용해 시선을 사로잡음

모든 조각에 값을 표시하기보다는 〈차트 C〉처럼 강조할 조각(D제품)만 수치를 표시해주면 보는 사람이 수치를 읽기 편해진다.

〈차트 C〉

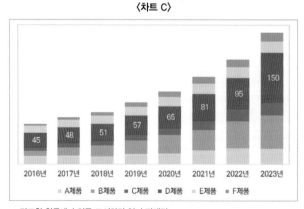

▲ 강조할 항목에 수치를 표시하면 읽기 편해짐

차트 문제 풀이

다음은 잘못된 예시이다. 아래 실습 문제를 통해 더 효과적으로 보이도록 수정해보자.

실습 1. 강조할 조각(D제품)은 주황색으로 강조하기

실습 2. 강조할 조각(D제품)만 값을 표시하기

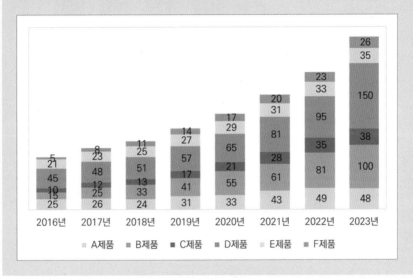

HINT

- 모든 조각에 색을 넣기보다는 강조할 조각만 색을 이용해 강조하는 것이 효과적이다.
  ——————— 누적 막대 차트 04(247쪽)

해답

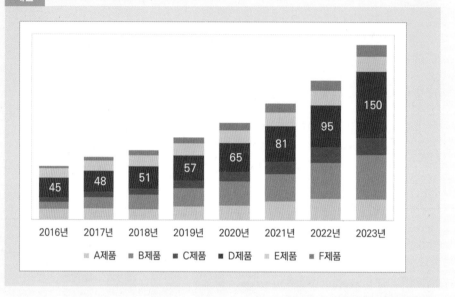

해설

- 강조할 조각(D제품)만 선택하고 [데이터 계열 서식]-[채우기]-[색]에서 주황색을 선택한다.
- 강조할 조각(D제품)만 선택하고 [데이터 레이블 서식]-[레이블 옵션]-[값]을 체크해준다.

차트 보고서 핵심 요약

1. **누적 막대 차트는 항목의 비중을 보여줄 때 원 차트 다음으로 많이 사용되는 차트이다.**

▶ 누적 막대 차트는 세로형과 가로형 두 종류가 있다.

▶ 세로형은 시간의 흐름을 강조하면서 항목별 비중의 차이를 보여줄 때 사용하고, 가로형은 순위를 강조하면서 항목별 비중의 차이를 보여줄 때 사용하는 것이 효과적이다.

2. **계열선, 색상을 이용하면 더 효과적이다.**

▶ 계열선을 이용하면 동일한 조각을 이어주는 역할을 해, 조각을 쉽게 짝 맞춰 볼 수 있다.

▶ 막대에 너무 많은 색상을 사용하면 보는 사람은 어느 조각에 집중해야 하는지 혼란스럽다. 따라서 색상은 최소화하는 것이 효과적이다.

CHAPTER
05

폭포 차트의
기술

폭포 차트
만들기

폭포 차트는 폭포수 차트라고 부르기도 하고 '폭포'의 영어 단어를 따서 워터폴 차트 (Waterfall Chart)라고 부르기도 한다. 엑셀에서는 폭포 차트로 표현하기 때문에 이 책에서는 폭포 차트라고 부르겠다.

엑셀 2016 버전 이전에는 폭포 차트를 만들 때 세로 막대 차트를 응용해야 했기 때문에 많은 시간과 노력이 필요했다. 그러나 엑셀 2016 버전부터 폭포 차트 기능이 생긴 덕분에 점차 보고서나 발표에서도 폭포 차트의 사용 빈도가 증가하고 있다.

폭포 차트는 전체 항목 중에서 특정 항목의 증감을 표현할 때 유용한 차트이다. 전체가 어떤 항목의 증감으로 채워졌는지를 나타내거나, 항목들이 어떻게 증감해 전체 수치를 이루는지 빠르게 이해할 수 있다.

다음은 OO 기업의 월별 매출액과 지출액을 정리한 표이다. 이 표를 통해 몇 월에 수익이 났는지, 몇 월에 적자가 났는지를 알 수 있다. 또한, 월별 수익과 적자를 합쳐서 한 해 동안의 수익을 정리했다.

구분	매출액(억 원)
1월	200
2월	150
3월	−50
4월	300
5월	−100
6월	150
7월	100
8월	200
9월	150
10월	−50
11월	220
12월	−60
연간	1,210

이 표를 가지고 〈차트 A〉와 같이 폭포 차트를 만들었다. 폭포 차트의 기본적인 형태이다. 월별로 매출이 증가했으면 파란색으로 표시하고, 감소했으면 빨간색으로 표시했다. 월별 매출액을 합한 연간 매출액을 가장 오른쪽에 나타냈다. 연간 매출액이 가장 오른쪽에 있는 이유는 앞의 표에서 마지막 행에 연간 매출액 합계가 있기 때문이다.

〈차트 A〉

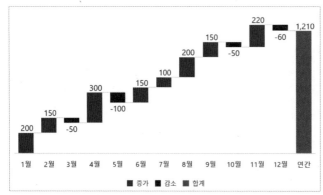

▲ 세부 항목의 증감을 보여주면서 전체를 설명함

다음 표와 같은 형태도 있다. 기준이 되는 행을 맨 위에 배치하고, 나머지 행들의 값을 더하거나 뺀 결과값을 맨 마지막 행에 나타낸 형태다.

구분	금액(억 원)
매출액	1,200
매출원가	−600
판매비와관리비	−300
영업외이익	300
영업외비용	−200
법인세비용	−100
당기순이익	300

〈차트 B〉는 앞의 표를 가지고 만든 차트이다. 매출액을 기준으로 감소되는 항목을 차감하고, 증가되는 항목은 더해주었다. 이 방식은 자연스럽게 전체(매출액)에서 세부 항목의 구성 비율을 설명해준다.

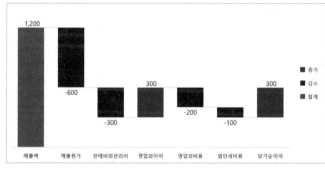

▲ 전체에서 세부 항목의 구성 비율을 보여줌

폭포 차트 [실습] 폭포 차트 만들기

예제 파일 PART03₩폭포차트01_폭포차트만들기.xlsx

엑셀(2016년 버전 이후)에서 폭포 차트를 만들어보자. ❶ 예제 파일을 불러오고 차트를 만들 데이터를 선택한 다음, 엑셀 메뉴에서 [삽입] 탭−[차트] 그룹−[폭포]를 클릭한다. 막대 중에서 전체(연간)를 나타내는 막대를 더블클릭하고 마우스 오른쪽 버튼을 클릭해 [데이터 요소 서식]을 선택한다. ❷ [데이터 요소 서식] 작업 창에서 [합계로 설정]에 체크한다. 이후, 색상, 글꼴 등을 작성자가 원하는 방법으로 편집한다.

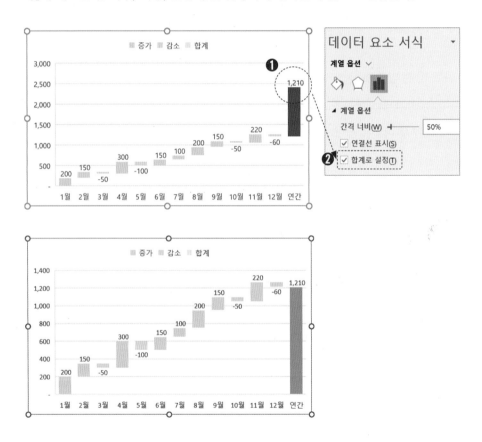

차트 보고서 핵심 요약

1. 폭포 차트는 특정 항목의 증감을 분석할 때 효율적이다.

▶ 폭포 차트는 항목들이 어떻게 변화해 전체가 됐는지, 혹은 전체가 어떤 세부 항목으로 구성됐는지를 빠르게 이해하는 데 유용하다.

2. 색상을 이용하면 더 효과적이다.

▶ 항목 비중이 증가했으면 파란색으로 표시하고, 감소했으면 빨간색으로 표시 하면 증감 폭을 쉽게 확인할 수 있다.

CHAPTER

06

트리맵 차트의
기술

트리맵 차트
만들기

트리맵 차트는 다양한 색상과 크기의 사각형을 사용해 데이터의 계층 구조를 표현하는 데 적합한 차트이다. 선버스트 차트가 원을 조각내서 보여준다면 트리맵 차트는 사각형을 조각내서 보여주는 차트이다. 생김새는 그리 깔끔하지 않지만 비중의 패턴을 쉽게 보여준다는 점에서 최근 많이 사용되는 차트이다. 다만, 엑셀 2016 버전 이상에서만 제공된다.

〈차트 A〉는 서울 지역의 제품별 판매 비중을 가지고 만든 트리맵 차트이다. 매우 단순해 보이지만 전체 중에서 제품별로 어느 정도 비중을 차지하고 있는지 쉽게 인식할 수 있다.

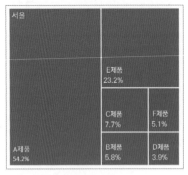

〈차트 A〉

▲ 단순해 보이지만 쉽게 인식됨

트리맵 차트의 아쉬운 점은 사각형의 위치를 내 마음대로 조정할 수 없다는 것이다. 차트 크기를 조정하면 알아서 조각들을 배치해준다.

〈차트 A〉를 가로 방향으로 늘리면 〈차트 B〉와 같이 바뀐다. 〈차트 A〉를 세로 방향으로 늘리면 〈차트 C〉처럼 바뀐다. 이처럼 차트 크기에 따라서 조각의 위치가 자동으로 바뀌는 것을 확인할 수 있다. 따라서 작성자가 원하는 조각 배치가 있다면 차트 크기를 좌우 또는 상하로 조정해야 한다.

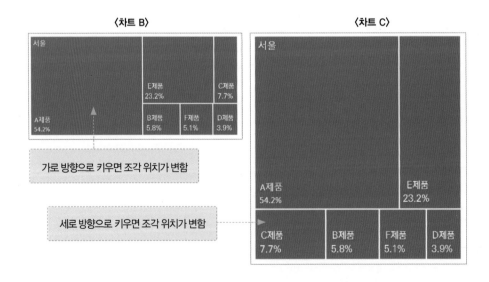

〈차트 B〉

〈차트 C〉

가로 방향으로 키우면 조각 위치가 변함

세로 방향으로 키우면 조각 위치가 변함

〈차트 D〉와 같이 조각별로 색상을 다르게 적용하면 항목을 쉽게 구분할 수 있다.

〈차트 D〉

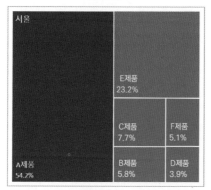

▲ 조각별로 색상을 변경할 수 있음

강조할 조각이 있다면 차트 내용과 관련 있는 이미지를 조각 위에 배치해보자. 〈차트 E〉처럼 말이다. 〈차트 D〉는 차트 속 제품명을 읽은 후에 해당 조각이 어떤 제품을 의미하는지 알 수 있지만, 〈차트 E〉는 이미지만 보고도 해당 조각이 어떤 제품에 관한 정보인지 확인할 수 있다. 이처럼 읽는 것보다는 보는 것이 직관적이다.

〈차트 E〉

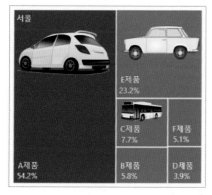

▲ 이미지를 사용하면 시각적인 효과를 부여할 수 있음

트리맵 차트는 계층을 나타낼 때도 유용하다. 〈차트 F〉는 지역 계층(서울, 경기, 강원 지역)과 제품 계층(A제품, B제품, C제품, D제품, F제품)의 판매량을 가지고 작성한 트리맵 차트이다. 전체 판매량 중에서 지역별 판매량 비중의 크기만큼 사각형(색상별)을 만들고, 지역별로 제품별 판매량 비중의 크기만큼 조각을 만들었다. 하나의 차트 안에 많은 항목을 나타냈음에도 불구하고 계층 구조를 쉽게 파악할 수 있다.

〈차트 F〉

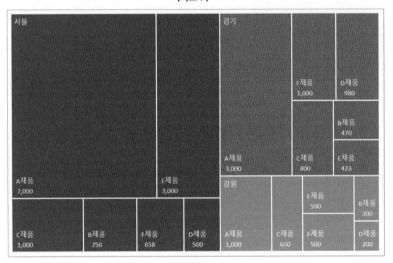

▲ 계층구조를 나타낼 수 있음

트리맵 차트 [실습] 트리맵 차트 만들기

예제 파일 PART03₩트리맵차트01_트리맵차트만들기.xlsx

엑셀(2016년 버전 이후)에서 트리맵 차트를 만드는 방법은 매우 간단하다.

❶ 예제 파일을 불러오고 차트를 만들 데이터를 선택한 다음, ❷ 엑셀 메뉴에서 [삽입] 탭-[차트] 그룹-[트리맵 차트]를 클릭한다. 이후, 색상, 글꼴 등을 작성자가 원하는 방법으로 편집한다.

지사	제품명	판매대수
❶ 서울	A제품	7,000
	B제품	750
	C제품	1,000
	D제품	500
	E제품	3,000
	F제품	658
경기	A제품	3,000
	B제품	470
	C제품	800
	D제품	980
	E제품	423
	F제품	1,000
강원	A제품	1,000
	B제품	300
	C제품	600
	D제품	200
	E제품	500
	F제품	500

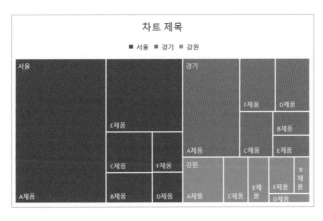

차트 보고서 핵심 요약

1. **트리맵 차트는 다양한 색상과 크기의 사각형을 사용해 데이터의 크기를 비교하는 데 적합한 차트이다.**
▶ 트리맵 차트는 전체에서 항목별 비율을 크기순으로 확인할 때 효과적이다.

2. **색상을 이용하면 계층 구조를 이해하는 데 더 효과적이다.**
▶ 색상으로 계층을 구분하면 데이터의 계층 구조를 좀 더 쉽게 확인할 수 있다.

PART
04

관계를 보여주는
차트

CHAPTER
01

분산형 차트의
기술

항목 수가 많다면
점으로 표현하자

분산형 차트는 '산점도'라고도 하는데 변수 간의 관계를 보여주는 대표적인 차트이다. 뉴스, 논문, 보고서 등 어디서나 다양한 방식으로 응용되고 있다.

앞서 항목 수가 많을 때 가로 막대 차트를 추천했다. 하지만 항목 수가 20개, 50개, 100개가 넘어간다면 공간적인 제약으로 가로 막대 차트로는 감당하기 어려운 경우가 발생한다. 이럴 때 분산형 차트를 사용해보자. 분산형 차트는 변수 간의 관계뿐만 아니라 차트에 담아야 할 항목 수가 많을 때도 유용하다.

다음 차트는 가로 막대 차트를 이용해 만들었다. 항목 수가 25개가 넘다 보니 차트가 길어지고 복잡해 보인다.

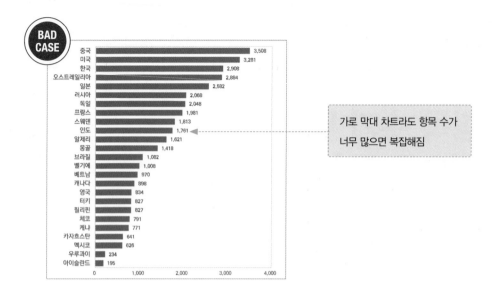

반면 다음 차트를 보자. 동일한 데이터를 가지고 분산형 차트로 만들었다. 막대를 점으로 표현하다 보니 막대에 대한 부담감도 줄어들고, 깔끔해진 모습을 확인할 수 있다. 세부적인 수치보다 국가별 순위가 중요하다면 분산형 차트를 이용하는 것이 좋다.

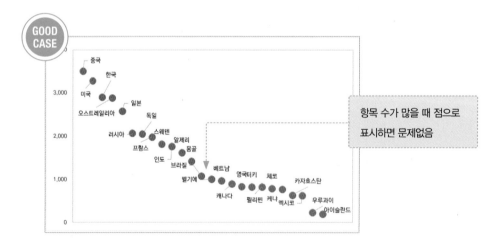

두 개 변수의 관계를
알아보자

분산형 차트의 목적은 변수의 관계를 보면서 새로운 의미를 도출하는 데 있다. 기본적으로 두 개의 축(X축, Y축)을 교차해서 만든다. 이렇게 축을 교차하면 많은 데이터와 항목들을 하나의 차트로 깔끔하게 정리할 수 있다. 교차한다고 해서 매트릭스 차트라고 부르기도 한다.

〈차트 A〉는 국가별 시장규모와 성장률을 나타낸 분산형 차트이다. 국가 수는 25개이고, X축은 2025년의 시장규모, Y축은 2025년까지의 성장률로 설정해 좌표로 표시했다. 이렇게 하니 시장규모도 성장률도 높은 국가가 어디인지 쉽게 파악할 수 있다.

이처럼 분산형 차트는 다른 어떤 차트보다 많은 데이터를 표현할 수 있다. 이러한 장점 덕분에 하나의 보고서에 분산형 차트가 한 개 이상 사용될 만큼 직장인들에게 유용한 차트이다.

〈차트 A〉

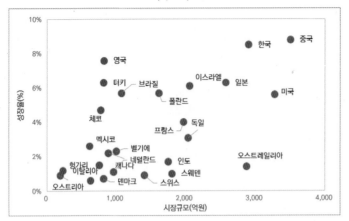

▲ 두 개의 변수를 교차하면 새로운 해석이 가능함

〈차트 B〉는 축의 눈금을 없앤 버전이다. 분산형 차트는 수치보다는 두 축(X축, Y축)을 교차한 좌표가 중요하다. 그래서 축의 눈금을 잘 표시하지 않는다. 〈차트 B〉와 같이 축 위치에 눈금이 아니라 축이 가진 의미만 표시하자.

〈차트 B〉

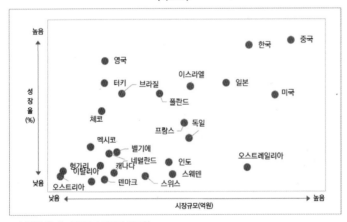

▲ 분산형 차트는 수치보다 좌표가 중요함

좌표를 분석해 눈여겨봐야 할 점을 색상과 도형을 이용해 강조해줄 수도 있다. 〈차트 C〉는 시장규모와 성장률 모두 높은 국가(한국, 중국, 일본, 미국)를 빨간색으로 강조해주고, 성장률이 높은 국가(영국, 터키, 브라질)을 주황색으로 강조했다. 이렇게 하면 우리가 집중해야 할 국가들을 선별하기 쉽다. 정보 제공뿐만 아니라 해석까지 전달할 수 있다.

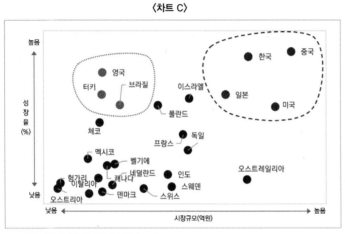

〈차트 C〉

▲ 도형을 이용하면 분석 결과를 담을 수 있음

분산형 차트 [실습] 표식 변경하기

예제 파일 PART04₩분산형차트01_표식변경하기.xlsx

분산형 차트에서 표식의 모양과 색상을 변경해보자. ❶ 예제 파일을 불러오고 차트에서 변경한 표식을 마우스로 더블클릭한다. 마우스 오른쪽 버튼을 클릭해 [데이터 요소 서식]을 선택한다. ❷ [데이터 요소 서식] 작업 창의 [채우기 및 선]−[표식]−[표식 옵션]에서 [형식]을 바꾸고, [채우기]에서 색상을 변경한다.

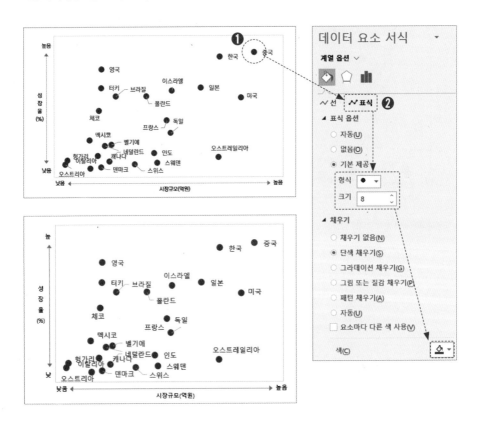

변수가 세 개일 때는
거품을 활용하자

분산형 차트는 한 차트에 세 가지 변수(데이터)도 담아낼 수 있다. 그만큼 복합적인 해석이 가능하다. 두 개의 변수(계열)는 X축, Y축을 이용해 좌표로 표시하고, 나머지 한 가지 변수(계열)는 점을 이용한다. 데이터값에 따라 점의 크기를 조정해 거품처럼 만드는 방식이다. 그래서 분산형 차트를 거품형 차트라고 부르기도 한다.

〈차트 A〉를 보자. X축(시장규모)과 Y축(성장률)은 일반적인 분산형 차트와 동일한데 표식의 크기가 다르다. 표식의 크기는 각 국가별 인구수를 나타낸 것이다. 인구수가 많으면 표식(거품)의 크기가 크고 인구수가 적으면 표식(거품)이 작다.

일반적인 분산형 차트가 시장규모, 성장률 두 가지 변수로 해석해야 한다면 〈차트 A〉는 시장규모, 성장률, 인구수 세 가지 변수로 해석할 수 있다. 그만큼 정보의 질이 높아진다.

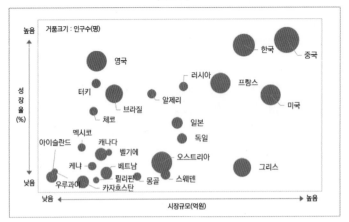

〈차트 A〉

▲ 거품을 이용하면 세 개의 변수도 표현할 수 있음

이번엔 이미지를 이용해보자. 〈차트 A〉에서는 표식의 국가명을 알려면 옆에 있는 레이블을 봐야 한다. 하지만 〈차트 B〉처럼 표식에 국가를 상징하는 국기 이미지를 넣으면 레이블을 일일이 찾아 읽지 않아도 어느 국가를 나타내는지 쉽게 알 수 있다.

〈차트 B〉

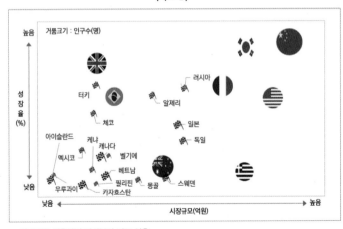

▲ 이미지를 이용하면 레이블이 필요 없음

분산형 차트 [실습] 거품형 차트 만들기

예제 파일 PART04₩분산형차트02_거품형차트만들기.xlsx

거품형 차트를 만들어보자. ❶ 예제 파일을 불러오고 모든 데이터를 선택한 다음, 엑셀 메뉴에서 [삽입] 탭-[차트] 그룹-[분산형]-[거품형]을 클릭한다. 차트의 표식을 선택하고 마우스 오른쪽 버튼을 클릭해 [데이터 계열 서식]을 클릭한 다음 ❷ [데이터 계열 서식] 작업 창의 [계열 옵션]에서 [거품 크기 배율]을 적당한 크기로 조정하자.

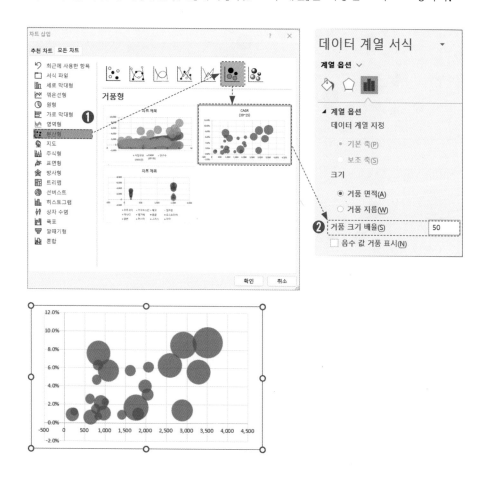

❸ 표식에 국기 이미지를 넣어보자. 이미지를 넣을 표식을 선택하고 마우스 오른쪽 버튼을 클릭해 [데이터 요소 서식]을 클릭한 다음 ❹ [데이터 요소 서식] 작업 창의 [채우기 및 선]−[채우기]에서 [그림 또는 질감 채우기]를 선택한다. [삽입]을 클릭해 가지고 있는 국기 이미지를 선택하면 표식에 이미지가 나타난다.

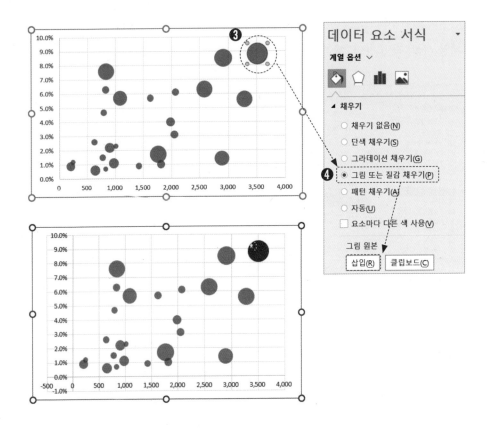

차트 보고서 핵심 요약

1. 방사형 차트는 두 개 이상의 변수 관계를 파악하는 데 유용하다.

▶ 두 개의 변수를 교차해서 만들면 변수의 관계를 보면서 복합적인 해석이 가능 하다. 따라서 새로운 의미를 도출하는 데 효과적이다.

▶ 데이터를 교차하면 많은 데이터와 항목들을 하나의 차트로 깔끔하게 정리할 수 있다.

2. 거품을 이용하면 변수가 세 개라도 하나의 차트로 만들 수 있다.

CHAPTER
02

양방향 차트의
기술

양방향 차트
만들기

차트를 만들다 보면 두 개의 차트를 한 차트에 담아야 할 때가 있다. 예를 들어, 성별에 따른 제품별 만족도를 비교해서 보여줄 때가 있다.

다음 〈차트 A〉는 다중 가로 막대 차트를 이용해 성별에 따른 만족도를 구분했다. 잘못된 방법은 아니지만, 보는 사람이 좀 더 쉽게 비교할 수 있는 방법을 찾아보자.

〈차트 A〉

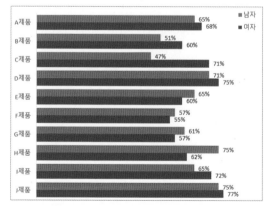

▲ 항목이 많을 때는 다중 가로 막대 차트로 비교하기 어려움

〈차트 B〉처럼 작성하면 어떤가? 이렇게 생긴 차트를 쌍막대 차트 또는 양방향 막대 차트라고 한다. 같은 항목의 다른 값을 양쪽으로 보여주기 때문에 붙여진 이름이다.

아쉽게도 이런 차트는 엑셀에서 기본적으로 제공하지는 않는다. 하지만 누적 막대 차트를 이용하면 양방향 막대 차트를 만들 수 있다. 다음 차트는 엑셀의 누적 막대 차트를 이용해 만들었다. 그러나 〈차트 B〉는 막대별로 제품명을 보기 위해 자꾸 왼쪽의 축을 봐야 하고, 범례도 한쪽에 있어서 보기 불편하다.

〈차트 B〉

제품	남자	여자
A제품	65%	68%
B제품	51%	60%
C제품	47%	71%
D제품	71%	75%
E제품	65%	60%
F제품	57%	55%
G제품	61%	57%
H제품	75%	62%
I제품	65%	72%
J제품	75%	77%

■남자 ■여자

▲ 두 개의 차트를 좌우로 함께 배치하면 비교가 쉬움

〈차트 B〉를 〈차트 C〉와 같이 다시 작성했다. 제품명을 막대 사이 가운데에 배치하고, 제품종류, 남성, 여성 등 범례도 막대 위에 배치함으로써 보는 사람의 시선이 막대를 벗어나지 않도록 만들었다.

〈차트 C〉

남자	제품종류	여자
65%	A제품	68%
51%	B제품	60%
47%	C제품	71%
71%	D제품	75%
65%	E제품	60%
57%	F제품	55%
61%	G제품	57%
75%	H제품	62%
65%	I제품	72%
75%	J제품	77%

▲ 항목명을 가운데에 배치하면 읽기 편해짐

양방향 차트 [실습] 양방향 차트 만들기

예제 파일 PART04₩양방향차트01_양방향차트만들기.xlsx

엑셀의 누적 막대 차트를 이용해서 양방향 차트를 만들어보자. ❶ 예제 파일을 불러온
후 데이터를 선택하고, 엑셀 메뉴에서 [삽입] 탭-[차트] 그룹-[가로 막대형]-[100%
기준 누적 가로 막대형]을 선택한다.

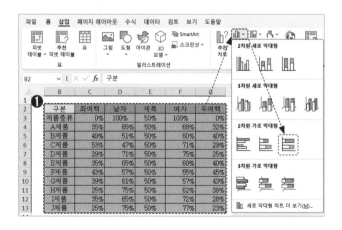

❷ 세로축을 선택한 후 마우스 오른쪽 버튼을 클릭해 [축 서식]을 선택한다. [축 서식] 작업 창에서 [축 옵션]–[항목을 거꾸로]에 체크한다.

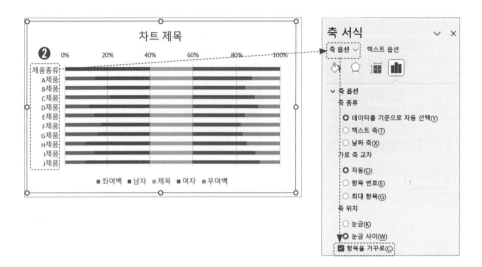

❸ 막대 두께를 두껍게 하기 위해 막대를 선택하고, 마우스 오른쪽 버튼을 클릭한 뒤 [데이터 계열 서식]을 선택한다. [데이터 계열 서식] 작업 창에서 [계열 옵션]–[간격 너비]를 **30%**로 조정한다.

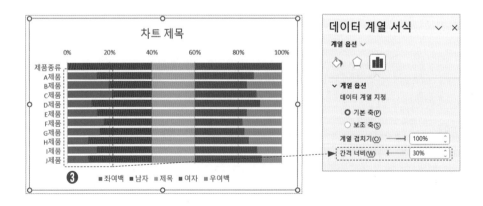

❹ 막대 색상을 변경해보자. [좌여백]과 [우여백]은 [채우기]에서 [회색]으로 바꾼다.
동일한 방법으로 가운데 막대인 [제목]은 [채우기 없음]으로 바꾼다.

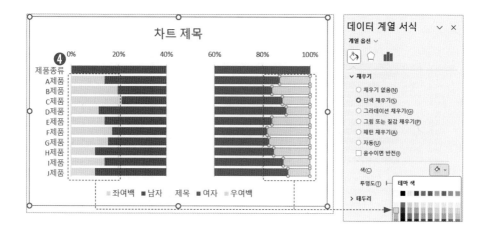

❺ 레이블을 표시해야 한다. [제목] 막대는 [레이블 옵션]에서 [항목 이름]으로 바꾼다.

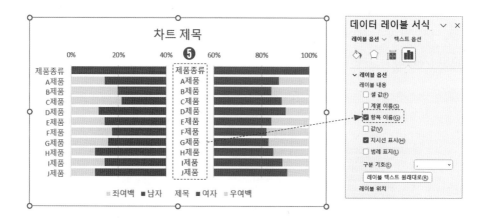

❻ [제품종류]의 [남자], [여자] 막대만 선택하고 레이블을 [계열 이름]으로 바꾼다. 같은 방법으로 [남자] 막대는 [값]으로 바꿔주고, [레이블 위치]를 [안쪽 끝에]로 바꾼다.

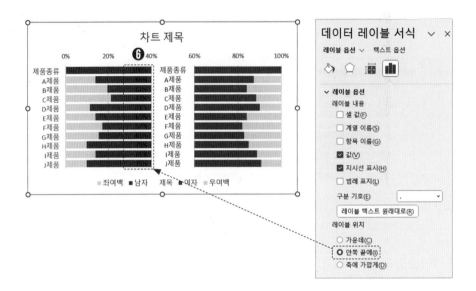

❼ [여자] 막대는 [값]으로 바꿔주고, [레이블 위치]를 [축에 가깝게]로 바꾼다. 마지막으로 [차트 제목], 가로축과 세로축, 범례를 지운다.

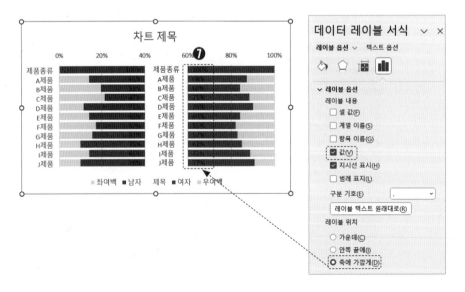

차트 보고서 핵심 요약

1. 두 개의 차트를 단순 비교할 때는 양방향 차트가 유용하다.

▶ 두 개의 차트를 좌우 또는 상하로 배치하면 서로 비교하기 수월해진다.

2. 양방향 차트는 주로 가로 막대 차트를 이용해서 만든다.

CHAPTER
03

콤보 차트의
기술

보조 축을 이용해 두 개의 차트를 하나로 만들자

콤보 차트는 흔히 접할 수 있는 차트이다. 콤보 차트를 자주 사용하는 이유는 많은 정보를 한정된 공간에 담아야 하기 때문이다. 콤보 차트의 목적은 단순히 많은 정보를 담는 것이 아니라 두 개의 차트를 겹쳐서 두 데이터의 관계를 하나의 차트에 표현하기 위함이다. 주로 보조축을 이용해 만든다.

〈차트 A〉를 보자. 왼쪽(기본축)에는 매출액을, 오른쪽(보조축)은 직원수로 설정했다. 매출액은 세로 막대 차트, 직원수는 선 차트로 만들었다. 그 결과 세로 막대 차트의 변화와 선 차트의 변화를 한눈에 볼 수 있는 콤보 차트가 만들어졌다.

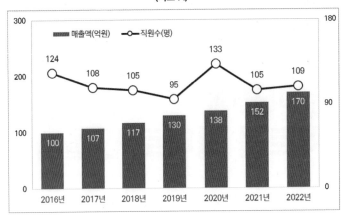

〈차트 A〉

▲ 보조축을 이용하면 막대 차트와 선 차트를 하나로 만들 수 있음

〈차트 B〉처럼 좀 더 깔끔하게 만들 수도 있다. 축 서식과 범례를 제거하고 도형을 이용해 선과 막대 위에 항목명을 기입하면 디자인이 접목된 차트로 바뀐다.

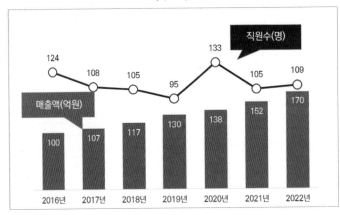

〈차트 B〉

▲ 도형을 이용하면 고급스러운 차트를 만들 수 있음

〈차트 C〉는 다중 막대 차트와 선 차트를 조합한 사례이다. 이처럼 선과 막대 차트의 조합이 가장 기본적인 형태다.

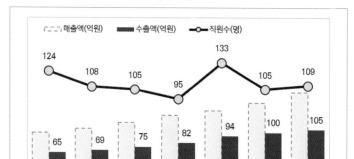

〈차트 C〉

▲ 다양한 차트끼리 조합이 가능함

〈차트 D〉는 보조축 없이 기본축만 가지고 만든 차트이다. 여러 개의 선과 하나의 막대를 조합해 만들었다. 막대는 전체 직원수를 나타내고 선은 지역별 직원수를 나타냈다. 이렇게 축 단위가 같을 경우는 굳이 보조축이 필요 없다. 하지만 일반적으로 축의 단위나 범위가 다르기 때문에 보조축을 사용한다.

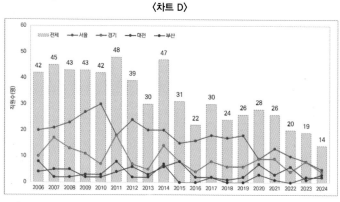

〈차트 D〉

▲ 축의 단위나 범위가 같다면 보조축이 필요 없음

〈차트 E〉는 콤보 차트에 원 차트를 추가로 배치한 사례이다. 콤보 차트와 원 차트를 따로 만들고 하나의 차트 안에 배치한 것이다. 작성 방법이 단순해 보이지만 세 가지 변수를 하나의 차트 안에 담아 종합적인 의미를 부여할 수 있다. 실무에서 많이 활용되는 방식이다. 이처럼 차트는 만드는 것보다 활용이 중요하다.

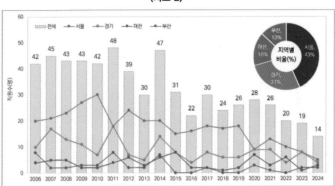

〈차트 E〉

▲ 보조축 없이도 콤보 차트를 만들 수 있음

콤보 차트 [실습] 콤보 차트 만들기

예제 파일 PART04₩콤보차트01_콤보차트만들기.xlsx

두 가지 차트를 이용해 콤보 차트를 만들어보자.

❶ 예제 파일을 불러오고 데이터를 선택한다.

구분	2016년	2017년	2018년	2019년	2020년	2021년	2022년	2023년
매출액(억원)	100	107	117	130	138	152	170	176
직원수(명)	124	108	105	95	133	105	109	95

❶

엑셀 메뉴에서 [삽입] 탭-[차트] 그룹-[혼합]-[묶은 세로 막대형] 차트를 선택한다.
❷ 차트 옵션 중에서 직원수(명)의 차트 종류는 [꺾은선형]을 선택하고 [보조 축]을 체크한다. 이렇게 하는 이유는 매출액과 직원수의 범위가 다르기 때문에 매출액은 기본축, 직원수는 보조축으로 설정하기 위함이다.

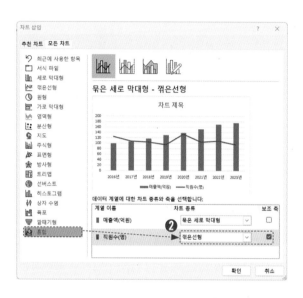

매출액과 직원수가 각각 묶은 세로 막대형과 꺾은선형 차트로 나타난다.

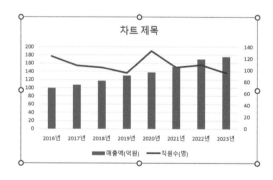

밴드 차트
만들기

선 차트와 누적 영역 차트를 동시에 이용하는 콤보 차트도 있다. 영역이 밴드처럼 생겼다고 해서 밴드 차트라고도 부른다. 선으로 값을 표현하다 보면 특정 구간을 강조할 경우가 있다. 이럴 때 가장 많이 사용하는 방법은 해당 구간을 영역으로 표현하는 것이다.

〈차트 A〉는 연도별로 제품에 대한 고객만족도 점수를 선 차트로 만든 예시이다. 이 회사는 만족도를 구간(3단계: 40% 미만, 40% 이상 ~70% 미만, 70% 초과)으로 관리한다. 점의 위치를 왼쪽에 있는 척도와 비교해서 어느 구간에 있는지 확인해야 한다.

〈차트 A〉

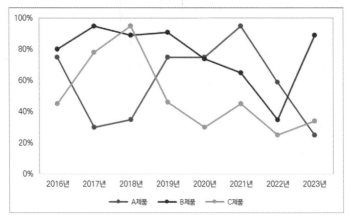

▲ 선이 어느 구간에 걸쳐 있는지 확인하기 어려움

〈차트 B〉는 〈차트 A〉에 영역을 추가해서 만든 밴드 차트이다. 제품별로의 만족도 점수는 선 차트로 나타내고 만족도 구간을 영역으로 표시했다. 이렇게 하면 선이 어느 영역에 걸쳐 있는지 쉽게 확인할 수 있다. 이것이 밴드 차트가 가진 장점이다.

〈차트 B〉

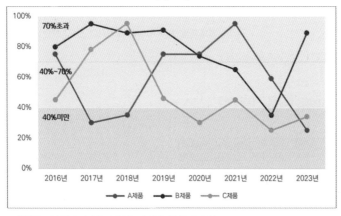

▲ 영역을 보면 선이 어디에 걸쳐 있는지 쉽게 확인할 수 있음

〈차트 C〉는 특정 연도만 영역으로 표시해주었다. 작성자가 강조하고 싶은 구간이 있을 때 사용한다면 보는 사람의 시선을 잡을 수 있을 것이다.

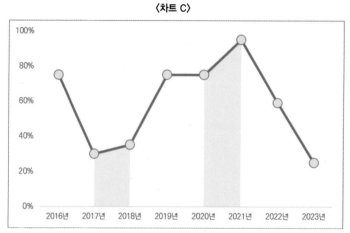

〈차트 C〉

▲ 강조 구간은 영역으로 표시하면 좋음

콤보 차트 [실습] 밴드 차트 만들기

예제 파일 PART04₩콤보차트01_밴드차트만들기.xlsx

엑셀로 밴드 차트를 만들어보자.

❶ 예제 파일을 불러오고 데이터를 선택한다.

구분	A제품	B제품	C제품	40%미만	40%~70%	70%초과
2016년	75%	80%	45%	40%	30%	30%
2017년	30%	95%	78%	40%	30%	30%
2018년	35%	89%	95%	40%	30%	30%
2019년	75%	91%	46%	40%	30%	30%
2020년	75%	74%	30%	40%	30%	30%
2021년	95%	65%	45%	40%	30%	30%
2022년	59%	35%	25%	40%	30%	30%
2023년	25%	89%	34%	40%	30%	30%

❶

❷ 엑셀 메뉴에서 [삽입] 탭-[차트] 그룹-[혼합]을 선택한다. 차트 종류에서 만족도 점수(A제품, B제품, C제품)은 [표식이 있는 꺾은선형]을 선택하고 구간(40% 미만, 40%~70%, 70% 초과)은 [누적 세로 막대형]을 선택한다.

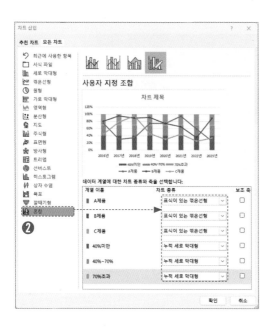

❷ 이제 막대 차트를 영역으로 만들어야 한다. 막대를 선택하고 마우스 오른쪽 버튼을 클릭해 [데이터 계열 서식]을 선택한다. [데이터 계열 서식] 작업 창에서 [계열 옵션]-[간격 너비]를 **0%**로 바꾼다.

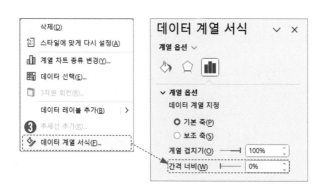

그러면 세로 막대가 영역으로 바뀐다. 이후 색상, 범례, 글꼴 등 조정한다.

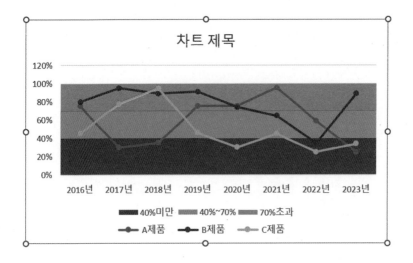

차트 보고서 핵심 요약

1. 콤보 차트는 두 개의 차트를 하나의 차트로 보여주는 데 유용하다.

▶ 한정된 공간에 두 개의 차트를 번갈아가면서 봐야할 때 콤보 차트를 이용하면 효과적이다.

2. 콤보 차트는 하나의 보고서에 한 개 이상 사용될 만큼 흔히 사용되는 차트이다.

▶ 콤보 차트는 차트의 보조축을 이용해 주로 세로 막대 차트와 선 차트를 혼합해 만든다.

▶▶▶ 찾아보기